Haitian Kreyol
In Ten Steps

i

a *an*

e *è* *en*

o *ò* *on* *ou*

Also from the same author:

La langue haïtienne en dix étapes,
for French speaking learners.
ISBN: 0-9672448-7-0

DIS PA nan lang ayisyen-an,
for Haitian Kreyol speakers. EDUCA Vision
ISBN: 1-5842-354-X

Haitian Kreyol
In Ten Steps

DIS PA nan lang ayisyen-an

Roger E. Savain

Woje E. Saven

Library of Congress Control Number: 2009908058

ISBN 13: 978-1-4699-4458-6
ISBN 10: 1469944588

This book was printed in the United States of America.

CONTENTS

To those who brought it into being,

To those who codified it into writing,

To those who celebrate it in daily use.

An Appreciation Of
The First Edition By
Professor Pradel Pompilus
Doctor Ès Letters (Sorbonne)
Professor Of Linguistic
Créologue

Pòtoprens 18 novanm 1991

Roje monchè,
Kanmarad mwen,
frè mwen,

Ti liv ou voye pou mwen an—
Haitian Kreòl in ten steps (li's
pa nan kreyòl ayisyen an—
mwen resevwa li e mwen li—l
ak plezi et pi li profite m tou,
mèsi, mèsi anpil pou liv la, mèsi
anpil pou sa ou di sou travay
mwen fè nan afè kreyòl la
mèsi anpil pou tout jwisans
ti liv la ban mwen, konpliman
konpliman pou ou!
Se yon ti liv, paske se 74 pɑj
sèlman li genyen men se
yon gro liv, paske gen anpil
bon bèt ladan li. Gen de
bagay mwen santi pi byen nan

"vangole a pase nan franse lè="
wap etidye vèb kreyòl. la. :
"immediate past / non immediat past,
present actuall / factual etc." ;
Pami bon bèt yo, muwu renmen
paragraf B, paj 17 la anpil :
"Gender male / female": Kreyòl
pa konnen afè jan - un (le genre)
se sèks - la ki konte pou li. bukova?
se zafè sosyoloji -
Epi, afè vèb "<u>etre</u>" la, ki konplike
m trouve ou jwenn oun mwayen
pou rann li senp
Etidyan ou yo ap gen yon
bon zouti nan men yo, yon liv
byen enprime. Kreyòl - la
sezwou sa tou lè li byenn
enprime, ou li'l pi fasil.
Mèsi ankò nèt pou tout moun
kaf gen pou wè ak ti liv on a

Pradel

Port-au-Prince [Haiti], November 18, 1991

Dear Roger,
my friend,
my brother,

   This little book you sent for me – Haitian Kreol in Ten Steps (Dis Pa nan kreyòl ayisyen-an) – I received it and I read it with pleasure, and it profits me also. Thank you very very much for this book, thank you very much for what you say about the work I have done in the Kreyol, thank you very much for all the pleasure this little book gave me. Congratulations, congratulations for you.
   It is a little book because it has only 74 pages, but it is a big book because there are a lot of good materials in it. There are two things I appreciate much better in English than in French, when you are studying the Kreyol verb: "immediate past/non immediate past / present actual / factual, etc ... "
   Among the good materials, I like very much paragraph B. in page 17. "Gender male / female": Kreyol does not know gender; only the sex counts for it. Why? It is a sociology concern. Also, the question of verb "être" [to be], that is complicated, I find that you discover a way to make it simple.
   Your students will have on hand a good tool, a well printed book. The Kreyol needs that also; when it is well printed you read it more easily.
   Thank you again, thank you for all those who will be using your little book.

Pradel

INTRODUCTION

(Entwodiksyon)

i			
a	*an*		
e	*è*	*en*	
o	*ò*	*on*	*ou*

Bonjou tout moun alawonnbadè!
Nou tout ansanm annou chèche konnen
plis nou kapab sou Kreyòl ayisyen-an.

Good day everybody, "all around by there"!
Together let's seek to know as much
as we can about Haitian Kreyol.

HAITIAN KREYOL IN TEN STEPS is a handbook designed to help English speakers develop a basic competency in Haitian Kreyol. It can be used both as a self-study guide and as a manual for classroom instruction.

Many linguists affirm that the ability to read and write a language considerably hastens learning to speak it as well. Familiarization with the spelling and grammar of a new language should enhance listening and speaking skills.

At first, an English speaker may find strange the unfamiliar sounds of Haitian Kreyol. Nevertheless, any early difficulty will begin to ease when the learner becomes acquainted with the language's **fundamental principles and basic sounds.** The use of grammar and spelling will follow logically.

Haitian Kreyol shares with English many facets of organization and structure. Since the rules that govern Haitian Kreyol remain reliably consistent, their application will highlight similarities with English and facilitate basic command of Haitian Kreyol.

Attempts to write the language date back to the 18th Century. But, it was in the 1940's that an Irish Methodist minister, H. Ormond McConnell, and a renown American literacy specialist, Frank Laubach, developed a formal writing system, based on the International Phonetic Alphabet, as were then, the writings of 53 other languages.

In 1950, two Haitians, Charles-Fernand Pressoir, a philologist, and Lelio Faublas, an educator, proposed some changes that were more closely related to the French language. The Pressoir-Faublas spelling remained, although not officially, the accepted writing of Haitian Kreyol for more than twenty-five years.

The third most recent version of the Haitian Kreyol spelling emerged in 1975 from the systematic endeavors of IPN (Institut Pedagogique National) and GREKA (Gwoup Rechèch pou Etidye Kreyòl Ayisyen). It was the result of several years of research and discussions among Haitians and foreign linguists, educators and other specialists. The new spelling retained several of the Pressoir - Faublas changes and the phonetic principle: **one sign for one sound and always the same sign for the same sound.**

On September 28, 1979, the proposed IPN/GREKA spelling, approved by the Committee of Study and Research at the Ministry of National Education, received its formal recognition by a Law which commanded the Ministry of National Education to formulate the spelling of the Haitian Kreyol and to formally introduce it as a language of instruction in the public schools. The official spelling of the language was published on January 31, 1980.

Since then, several reputable educators and linguists from Haiti, the United States, Canada and Europe have written, in accordance with the Law, well documented materials related to the rules and principles of Haitian Kreyol grammar.

A handbook proved necessary, however, to pull together the scattered information available -- partly in Haitian Kreyol, partly in French, partly in English -- and to provide English speakers who want to learn Haitian Kreyol, with one simple comprehensive source. Hence came ***Haitian Kreyol in Ten Steps.***

Written from the perspective of a layman, its methodology and organization were influenced by practical teaching applications. For over several years, this approach has been validated by teachers, librarians, dentists, social workers, psychologists, pathologists, health specialists, hotel supervisors, business persons, agency personnel and other professionals in South Florida who have attended classes taught by the author.

The accepted standardization of Haitian Kreyol has made progress. Several writers have labored to define the rules governing the use and writing of the language. Their works, among those listed below, became important sources of reference in the preparation of this handbook.

Dejan, Iv, *ann aprann òtograf kreyòl la,*
K.A.P.A.B., New York, 1986

Lafayette, R.C. & Zephir, Flore,
An Introduction to Haitian Creole via Total Physical Response (Grammar Section), Indiana University Creole Institute, Bloomington, 1984.

Pompilus, Pradel.
Manuel d'Initiation à l'Etude du Créole,
Impressions Magiques, Haiti, 1983.

Pressoir, Charles Fernand
Débats sur le Créole et le Folklore,
Imprimerie de l'Etat, Haiti, 1947.

Roro, Gilda L.,
Haitian Creole: A Primer, ERIC, 1985.

Valdman, Albert.
ann pale kreyòl, Indiana University
Creole Institute, Bloomington, 1988

Vernet, Pierre,
Techniques d'Ecriture du Créole Haïtien
Imprimerie "Le Natal", Haiti

Most Haitian Kreyol words, expressions and sentences used in this handbook are translated into English, sometimes literally on purpose.

Questions are often raised about the appropriateness of writing certain French words used in Haitian Kreyol with their French spelling. Pierre Vernet answers this by saying: *"A language is written not according to the languages that have contributed to its being or that have continued to enrich it, but according to its own rules of functioning and to its own realities"*... In other words: Each language has its unique function and expresses itself in its unique way. Thus, the preference for the use of the Haitian Kreyol spelling.

Both orally and in writing, Haitian Kreyol, like any other language, has no limit on the range of notions and subjects it can effectively communicate and entertain. When needed, it will of course borrow words and expressions from other languages to expand its ability to address an unlimited scope of ideas. It remains, however, a distinct language with its own grammatical rules.

Haitian Kreyol has conveyed for a long time the rich amalgam of thoughts, feelings and observations of the Haitian people. Though not widely captured in writing, it has a broad oral history and literature. The wit and wisdom conveyed through its thousands of sayings are becoming known around the world and often translated into other languages.

Today, Haitian Kreyol is used in forums and learned gatherings where many topics, from education and medicine to literature, politics and economics, are discussed.

A person interested to learn Haitian Kreyol should make a special effort to memorize, rapidly, **the four fundamental principles and the ten basic vowel sounds** of the language.

The vowels define the phonemes or primary sounds in the Haitian Kreyol syllables. Their distinct sounds never change.

For those who are familiar with the Haitian Ministry of Education's official document, there is an eleventh vowel *oun* listed. Adding the consonant **n** to the vowel **ou** can easily represent this vowel. Thus, it is not included, in this manual, among the basic vowel sounds. The consonant **ng** is not included either, because there are few words ending with **ng** in Haitian Kreyol and it is easy to combine the consonants **n** and **g** when needed.

The official document also suggests the use of apostrophes and hyphens. Only the hyphens are recommended in this handbook to connect either a verb with a pronoun object or a noun with a definite, a possessive or a demonstrative determiner.

Instead of the apostrophe, the writer can leave a blank space between the contracted form of a pronoun and the word that follows it. It is even preferable to seldom use the contracted form, but **never after pou, sou, nan.**

On occasion, several words are combined to form one single word. For example, the French prepositions **à** and **de** are not used in Haitian Kreyol. When they occur, they are combined with other words to form one single word. Likewise, French nouns preceded by an article form one single noun with that article in Haitian Kreyol: legliz, lekòl, lavil.

Learners should pay special attention to *Step X - Lexical Notes* of this handbook, where similarities and differences between Haitian Kreyol, French, and English words, are reviewed. Many words with the same sounds in both languages are written differently, others with the same spelling have distinct meanings.

Haitian Kreyol in Ten Steps offers English speakers an important avenue for a better comprehension of Haitian culture by understanding foremost its language. Each new language learned opens a new vista on the multifaceted world.

January 1998

Roger E. Savain

Young newcomers from Haiti are often shy and modest, but eager to achieve and succeed. Proud of their heritage, they are anxious, however, to learn a new language and new ways of living in a foreign environment. All they ask for is a friendly hand to lead their first steps in the right direction. Let's take time to listen when **A Haitian Child Whispers ...**

A Haitian Child Whispers...

"Bonjou!" I am your new student.
I do not speak English. *"M pale kreyòl."*
I am from Haiti. *"M se ayisyen."*

Will you please be patient with me.
"Pran ti pasyans avè-m souple." Smile at me.
Learn to pronounce my name.
"M renmen lè ou rele non-m."

Let me teach you in my language how to say:
Hello! / *"Bonjou!"* - Please / *"Tanpri souple."* -
Thank you / *"Mèsi anpil."* - Goodbye. / *"Orevwa."*

Ask me how I am. *"Kouman ou ye?"* You may ask me too about my family.
"Ki moun ki fanmi-ou?" or *"Pitit ki moun ou ye?"*

If I look confused or lost, it is because I am.
"Si mwen parèt malalèz tankou mwen pèdi se paske se vre"

Talk slower, not louder. Repeat and say things simply.
"Pale dousman di mo ki senp." Write it down in print.

Let me succeed, in something, everyday.
"Ban-m yon chans pou mwen reyisi nan yon bagay chak jou."

I want to belong. Help me find a friend.
"M vle fè pati lezòt-yo. Ede-m jwenn yon zanmi."

Will you help me, please? *"Eske ou vle ede-m tanpri?"*

I thank you very much for your patience and understanding.
"Mèsi anpil paske ou pran pasyans pou ou konprann."

STEP I
(Prenmyè Pa)

WHAT IS HAITIAN KREYOL?
(KISA KREYÒL AYISYEN YE?)

i			
a	*an*		
e	*è*	*en*	
o	*ò*	*on*	*ou*

... it is appropriate to say that Haitian, like any other "Kreyol" is neither an occidental nor an African language, but more likely the product of an historic alliance that gives the language particularities that sometimes link it to "neo-Romanic" languages ... However, Haitian is still a distinct language that differs from the other languages called "Kreyol", even from those that share with it the same French based vocabulary.

ATA Chronicle – June 2001 – p.50

HAITIAN KREYOL is an autonomous and phonetic spelling language based on 16th to 18th century lexical French and on syntax principles of West African languages. It is the national language spoken by the entire population of Haiti and by most foreigners living in that country. One of the two official languages of Haiti with French, it is also the congenial language used by people of Haitian descent born or living abroad. It is written the way it is pronounced, according to its own grammatical rules. Some Haitians call their language "AYISYEN".

KREYÒL AYISYEN *se yon lang endepandan ki ekri jan li sonnen men dapre regleman gramè pa-li. Li fèt ak mo franse ki te pale nan sèzyèm rive dizwityèm syèk epi li sèvi ak regleman gramè lang nan peyi Lwès Afrik-yo. Li se yon lang nasyonnal tout ayisyen ak pi fò etranje kap viv nan peyi-a pale. Youn nan de lang ofisyèl Ayiti genyen avèk franse li se lang ayisyen-yo ki fèt oswa kap viv nan peyi etranje pran plezi pale. Gen ayisyen ki rele lang-yo "AYISYEN"*

Notes

Step II
(Dezyèm Pa)
Fundamental Principles and Basic Sounds
Vowels and Semi-Vowels
(Prensip fondalnatal ak manman son-yo)
(Vwayèl ak demi vwayèl-yo)

i

a *an*

e *è* *en*

o *ò* *on* *ou*

Notes

Haitian Kreyol contains essentially four fundamental principles and ten basic sounds that are articulated by seven non nasal vowels and three nasal vowels.

Kreyòl ayisyen chita sou 4 prensip fondalnatal ak 10 manman son ki sòti nan 7 vwayèl bouch ak 3 vwayèl nen.

A. THE FOUR FUNDAMENTAL PRINCIPLES ARE:
   (Kat prensip fondalnatal-yo se:)

   1. One sign for each sound
      (Yon siy pou chak son)
   2. The same sign for the same sound
      (Menm siy-nan pou menm son-an)
   3. No silent letter
      (Nanpwen lèt ki bèbè)
   4. Each letter has its own function
      (Chak lèt rete nan wòl-li)

Note: *In order to understand and appreciate the particularities of Haitian Kreyol, the learner must memorize the principles upon which the rules that govern the grammar of this language are based, and also memorize the ten basic sounds.*

THE TEN BASIC VOWEL-SOUNDS ARE:
(Dis manman son-yo ki vwayèl-yo tou se:)

a	**an** e è **en** i o ò **on** **ou**

	English		**Kreyòl**
a	as in	pat/cat	papa
an	as in	*no equivalent*	manman
e	as in	say / may	bebe
è	as in	head / get	bèbè
en	as in	*no equivalent*	benyen
i	as in	need / sea	diri
o	as in	poto / low	bobo
ò	as in	awful / ought	bòzò
on	as in	*no equivalent*	bonbon
ou	as in	food / two	moumou

Note: a e è i o ò **ou**
   are non-nasal vowels (vwayèl bouch)
   an   **en**   **on**
   are nasal vowels (vwayèl nen)
   an   **en**   **on**   **ou**
   always function as single vowels

Each vowel-sound forms a distinct syllable
   anne   fennen bonnè toujou

C. THERE ARE THREE SEMI-VOWELS:
(Gen twa demi-vwayèl:)

---

ui *(wi)*   **w** *(way)*   **y** *(yea)*

---

ui as in *luil, uit, zuit*

w as in *wa, wan, we, wè, wen, wi, wo, wò,* won, wou

y as in *Ayiti, vyolon, vwayaj, boutèy*

ui is a semi-vowel used by some Haitian Kreyol speakers in words like:
uit:"8", *luil:* "oil", *kui:* "leather", *zegui:* "needle", instead of *wit, lwil, kwi, zegwi.*

w is a semi-vowel found before a vowel:
wete, mwen, won;
after a vowel: *pawas, pewòl, towo*;
after all consonants except (r):
bwa, gwayav, zwazo.

y is a semi-vowel found before a vowel:
yo, ye; after a vowel: *kaye, anyen;*
after all consonants except (j):
byen, dyab, vyolon, fyèl, enkyete, lyon,
mye, pye, syèl.

Note: *The grave accent: (`), unknown in English, is the only accent use in Haitian Kreyol. It modifies the sound of the vowels **a e o** which become: à as in pàn, è as in chèch, ò as in wòl.*

LET'S PRACTICE WITH THE TEN BASIC SOUNDS
(Annou repete ak dis manman son-yo)

1. (a) Marya ap travay lakay Fafa.

2. (an) Manman Jan vann bannann.

3. (e) Dede sere ze fele

4. (è) Frè Pyè wè zèv Pè Jèvè fè.

5. (en) Nennenn renmen benyen chen.

6. (i) Piki ti pis pi di.

7. (o) Lobo gwo Djo lolo Nono.

8. (ò) Chòchòt vòlò lòt bò dòk.

9. (on) Monnonk Sonson konn bon djondjon.

10. (ou) Joujou fou pou doukounou.

---

1. Maria is working at Fafa's.

2. John's mother sells plantains.

3. Dede hides cracked eggs.

4. Brother Peter saw Father Gervey's good deeds.

5. Aunty likes to baths dogs.

6. Small flea's stings hurt harder.

7. Big Joe's squabble affects Nono.

8. Shawshott steals on the side of the dock.

9. My uncle Sonson knows good black mushrooms.

10. Joujou is crazy about cornmeal pudding.

STEP III
(Twazyèm Pa)

THE CONSONANTS AND
THE ALPHABET
(Konsòn-yo ak Alfabèt-la)

i			
a	an		
e	$è$	en	
o	$ò$	on	ou

Notes

Haitian Kreyol In Ten Steps

A. There are Seventeen Consonants
(Gen disèt konsòn nan kreyòl ayisyen-an)

b	ch	d	f	g	h	j	k	l	m	n	p	r	s	t	v	z

b	as in	bliye	tablo	babye	koub
ch*	as in	chat	chen	chèche	match
d	as in	dlo	dòmi	rezoud	kodenn
f	as in	alfò	defo	feneyan	paragraf
g*	as in	dwòg	gagòt	gason	genyen
h*	as in	had	hòtè	hele	hadi
j*	as in	jij	janvye	vwayaj	jenjanm
k*	as in	kola	klòch	kaliko	makak
l	as in	lizaj	limyè	alemye	chandèl
m*	as in	fanm	kalmi	krèm	malanga
n*	as in	nat	neve	machin	bannann
p	as in	pwòp	papye	poupe	pandye
r*	as in	rèl	grimo	graton	rankontre
s*	as in	serye	dosye	sosyal	egzèsis
t*	as in	tèt	tate	patat	teyat
v	as in	vire	vèvè	vivan	vwazen
z	as in	gaz	zewo	awozwa	zantray

Notes: 1. The ten consonants with an asterisk have distinct characteristics. The seven others function like in English.

2. The consonants do not affect the sounds of the vowels in the syllables. The same consonants combine with the same vowels to form the same syllables

B. The Ten Distinct Consonants are:

ch	g	h	j	k	m	n	r	s	t

ch is used as one consonant like in *chat, cheri, chou, chen, chich, Chicago*.

g is always pronounced like in girl.

h occurs mainly in the southern part of Haiti in words like: *hadi, hele, hotè, hoholi*

j is always pronounced like **g** in beige.

k is the only consonant which makes the hard **c** sound in Haitian Kreyol. It is used to form syllables like:
ka kan ke kè ki ko kò kon kou
ak ank ek èk ik ok òk onk ouk

m never substitutes for n in sounds like
an en on as it does in English words like amber, empire, somber.

n is a special letter which makes its normal sound before all the vowels and **y**. But, it also gives the nasal sound to vowels **a, e, o, ou,** which become *an, en, on, oun*. When combined with **i**, *in* makes the sound "inn". The letter **n** placed after **à è ò i** does not nasalize their sound as in *kànva, sèn, bòn, machin*.

r does not occur at the end of any syllable. When Haitian Kreyol speakers used words that could have an before the vowels **o ò on ou** the sound produced is more like the one obtained with the semi-vowel **w** like: *ro=wo, wote; rò=wò, wòl; ron=won, wonn; rou=wou, woule*.

s never stands for **z** as in English words like: use, phrase, guise. Before a consonant, **s** is never sibilant. It is pronounced **ès** or **es** like in: *espò, estòp, espesyal, espa, espektak, estetoskòp*

t never stands for **s** or **sh** as in the French word "attention" or the English word "consultation".

C. The Haitian Kreyol Alphabet includes:
Ten vowels, three semi-vowels
and seventeen consonants:

a **an** b ch d **e** **è** **en** f g

h **i** j k l m n **o** **ò** <u>**on**</u>

<u>**ou**</u> p r s t <u>ui</u> v <u>w</u> <u>y</u> z

Note: *The bold underlined symbols represent the vowels.*
The other underlined symbols represent the semi-vowels. There is no letter c but ch, no letter u but ui, and no consonants q and x like in English.

D. Consonant Blends (Double/Triple):
(Kònsòn ki mache youn dèyè lòt:)

In Haitian Kreyol, double or triple consonants blend with certain vowels to make some special sounds. In some cases the consonants precede or follow a vowel to form one syllable. In other cases, they are preceded and followed by a vowel and are split into two consecutive syllables.
(cf. Dejan pp. 26, 27)

1. Some Double/Triple Consonants in One Syllable:

bl	:	blabla	tablo	blan	bliye	
br	:	bra	kabre	kabrit	brid	bri
dl	:	dlo				
dj	:	djèt	Djo	djòl	djòlè	djak
dr	:	dra	drese	drèt	pèdri	dren
fl	:	flach	gonfle	flè	flite	flote
fr	:	frape	frete	frèt	fritay	fren
gl	:	glas	vegle	glise	glann	zenglen
gr	:	gra	grèg	gri	grann	granmèsi
kl	:	klas	kle	zeklè	zoklo	klòch
kr	:	kras	akra	akrèk	kri	kreson
ks	:	Maks	paks	rèks	fiks	viks
pl	:	plat	pli	lapli	platin	souple
pr	:	pratik	prete	prèt	pri	pran
tch	:	match	patch	tchòtchòwè		tchatcha
tr	:	traka	trete	trèt	trip	tranpe
vl	:	vle	vlen	vlou	vr :	vre louvri

2. SOME DOUBLE/TRIPLE CONSONANTS IN TWO CONSECUTIVE SYLLABLES:

dl : Mad.lèn

gb : Leg.ba

gz : eg.zanp   eg.zante   eg.zije   eg.zèsis

ks : vek.se   sek.syon   ek.site

kt : lek.ti   sek.tanm

lb : al.binòs   kal.benday

lf : al.fò   kal.fou

lk : kal.kil

lm : kal.mi   al.mannak

ls : mal.swen

lt : sal.te   pal.to

pt : pwòp.te

sk : es.kiz   es.kandal   plis.ke

sl : Les.li   os.lè

sm : batis.man

sp : es.pwa   es.pò   es.pere

spr : es.pri   les.pri

st : es.tati   es.tènen   fes.ten

tl : mat.la   at.lèt   mat.lòt

vn : av.ni   lav.ni

Note: **In Haitian Kreyol every letter counts!**

A. The fundamental principles in Haitian Kreyol are:
(Please circle the best answer)

1
a. one letter for each sign
b. one sign for each sound
c. one letter for each sound
d. one sign for each letter

2
a. same sound for same letter
b. same letter for same noise
c. same sign for same sound
d. same noise for same letter

3
a. there are mute letters
b. there is no silent sign
c. there is no mute letter
d. there are silent signs

4
a. each letter has own sound
b. no letter has a function
c. one letter replaces another
d. each letter has its own

B. Underline the vowel-sounds in these words:

labapen   tchòtchòwè   ebete   lougawou
bèkèkè   wondonmon   pipirit   sendenden
kokobe   flanbwayan   andeyò   jenjanbrèt

C. Write the following words in Haitian Kreyol:

ginger_____attestation_____
capitol_____zigzag_____
mambo_____shashlik_____
farmer_____helminthic_____
northwestern_____use_____

STEP IV
(Katriyèm Pa)

TYPES AND FORMS OF SENTENCES
(Kalite fraz ak jan yo ekri)

i			
a	an		
e	è	en	
o	ò	on	ou

Notes

HAITIAN KREYOL IN TEN STEPS

The sentence, in Haitian Kreyol, follows the **Subject-Verb-Object** order. This order is maintained in these three basic types of sentences:

A. DECLARATIVE SENTENCES
(giving information)

   1. **affirmative form**
   Jan pran pòtre
   (John takes pictures)

   2. **negative form**
   Jan pa pran pòtre
   (John doesn't take pictures)

B. INTERROGATIVE SENTENCES
(asking for information)

   The interrogative sentence is mostly introduced by "Èske" placed at the beginning of the sentence and followed by the word order **subject-verb-object.**

   1. **affirmative form**
   Èske Jan pran pòtre?
   (Does John take pictures?)

   2. **negative form**
   Èske Jan pa pran pòtre?
   (Doesn't John take pictures?)

C. IMPERATIVE SENTENCES
(giving orders)

   The subject is detached as in English, but the word order remains the same.

   1. **affirmative form**
   Jan, pran pòtre
   (John, take pictures)

2. negative form

Jan, pa pran pòtre
(John, don't take picture)

Note: *A comma after the noun-subject distinguishes the imperative sentences from the declarative sentences. When speaking, a quick breathing after the noun-subject and a more authoritative tone of voice will mark the intended order.*

NOTES

_____

_____

_____

_____

_____

_____

_____

_____

_____

_____

_____

_____

_____

_____

_____

_____

_____

_____

_____

_____

_____

_____

_____

_____

STEP V
(Senkyèm Pa)
THE NOUNS
GENDER AND NUMBER
(Non-yo: Maskilen - Feminen - Pliryèl)

i			
a	an		
e	è	en	
o	ò	on	ou

Notes

A. Proper Nouns

In Haitian Kreyol, proper nouns are written, like any other nouns, according to Haitian Kreyol orthography.
They begin with a capital letter.

Jòj Wachintonn	*(George Washington)*
Tousen Louvèti	*(Toussaint Louverture)*
Janjak Desalin	*(Jean-Jacques Dessalines)*
Anri Kristòf	*(Henri Christophe)*

B. Gender: male/female

There is no gender agreement in Haitian Kreyol nouns.

Some distinct words like nonm/fanm, frè/sè, kouzen/kouzin, chwal/ jiman, are often used to distinguish male from female among human beings and animals.

Nevertheless, the language refers mostly to the specific sexes when naming male and female.

mal chat osnon makou / femèl chat osnon manman chat; mal mouton / femèl mouton; kabrit / chèv osinon manman kabrit.

C. Number: singular/plural

Haitian Kreyol distinguishes between singular and plural. But, plural distinction is made only by determiners, such as: yo, anpil, kèk, plizyè, dis, san, mil, etc...

Note: 1. *The noun does not inflect for gender or number in Haitian Kreyol*
2. *The same word is often used as noun and verb or, sometimes, as noun and adjective.*

Ale manje manje-ou.
(Go eat your food)

Tabli ebenis-la nan kay madanm ki tabli avèk-li-a.
(The cabinet-maker's workbench is in the house of the woman who cohabits with him.)

Msye tèlman renmen mizik li rantre nan tout konkou mizik.
(He likes music so much that he enters all musical contests.)

3. *There are no equivalent to auxiliary verbs "to be" and "to have" in Haitian Kreyol which uses the active form, even to express passive tense:*

Jan pran pòtre deja.
(Pictures were already taken by John.)

STEP VI
(Sizyèm Pa)

THE PRONOUNS
(Pwonon-yo)

i			
a	an		
e	è	en	
o	ò	on	ou

Notes

_____

_____

_____

_____

_____

_____

_____

_____

_____

_____

_____

_____

_____

_____

_____

_____

_____

_____

_____

_____

_____

_____

_____

_____

_____

_____

_____

_____

_____

_____

_____

_____

In Haitian Kreyol, there are **five** personal pronouns which are the same as the possessive pronominal adjectives. They are represented in a long form: **mwen ou li nou yo**; and a short form: **m w l n y**. In both forms, they correspond to English pronouns and possessive pronominal adjectives as shown below:

Kreyòl	Short Form	English		
mwen (mren)	**m** (sing.)	I	me	my
ou	**w**	you	you	your
li	**l**	he	him	his
		she	her	her
		it	its	it
nou	**n** (pl.)	we	us	our
		you	you	your
yo	**y**	they	them	their

Notes: 1. *The same pronoun is used for the first and second persons in the plural:* **nou** *means both* **we** *and* **you** *(plural).*

2. *In the third person singular, the same pronoun is used for masculine, feminine and neuter in the third person singular.* **Li** *means* **he, she,** *or* **it.**

Singular	Plural	Short Form	
1. mwen / m	nou / n	**m** (mm)	for **mwen**
2. ou / w	nou / n	**w** (we)	for **ou**
3. li / l	yo / y	**l** (el)	for **li**
		n (nn)	for **nou**
		y (yea)	for **yo**

A. THE LONG FORM OF PEONOUNS

1. The long form of all pronouns is used <u>after</u> the words that end with a consonant:

Jina ap swiv-**mwen**
(Jina is following me)

Jina ap swiv-**nou**
(Jina is following us/you)

Jina ap swiv-**li**
(Jina is following him/her)

Jina ap swiv-**ou**
(Jina is following you)

liv-**mwen**
(my book)

chèz-**ou**
(your chair)

mont-**li**
(her watch)

kay-**nou**
(our house)

lekòl-**yo**
(their school)

Note: *The pronoun* **yo** *occurs generally in long form after any verb or any noun regardless the ending of the word:*

Jina ap rele-**yo** *(Jina is calling them)*
Jean achte liv-**yo** *(John bought the books)*
Mari manje-**yo** *(Marie has eaten them)*

---

2. The long form of all pronouns is used <u>before</u> the verbs beginning with a consonant:

Mwen mache sou twotwa-a
(I walk on the sidewalk)

Ou mache sou twotwa-a
(You walk on the sidewalk)

Li mache sou twotwa-a
(He / She walks on the sidewalk)

Nou mache sou twotwa-a
(We walk on the sidewalk)

Yo mache sou twotwa-a
(They walk on the sidewalk)

Note: *Only the pronoun-subject occurs* **before** *a verb.* **In all other functions, the pronoun comes after the verb or the noun.**
It is more correct to use the long form of the pronouns after the monosyllabic prepositions: **pou sou nan**

> Jina pote manje **pou mwen**
> *(Jina brought food for me)*

> Jina chita **sou li**
> *(Jina sat on him/her/it)*

> Jina kwè **nan nou**
> (Jina believed in us/you)

B. THE SHORT FORM OF PRONOUNS

1. The short forms **m, w, l, n, y,** may be use only <u>before</u> verbs beginning with a vowel.

m achte anpil liv
(I bought many books)

w achte anpil liv
(You bought many books)

l achte anpil liv
(He / she bought many books)

n achte anpil liv
(We / you bought many books)

y achte anpil liv
(They bought many books)

By exception **m** and **n** may be used before a consonant.
m renmen bwokoli
(I like broccoli)

n renmen bwokoli
(We/You like broccoli)

2. The short forms **m, w, l, n,** occur only <u>after</u> words that end with a vowel.

Jina ap rele-**m.**
(Jina is calling me)

Jina ap sèvi-**n.**
(Jina is serving us/you)

Jina ap rele-**l.**
(Jina is calling him/her)

Jina ap rele-**w.**
(Jina is calling you)

Note: *It is preferable, sometimes, for more clarity and better balance of a sentence, to use the long form of a pronoun, even with words beginning or ending with a vowel.*

C. EMPHATIC PRONOUNS

Emphatic pronouns are used to place emphasis on the subject of a verb or when there is an opposition between two or more subjects. Emphatic pronouns are formed by adding **menm** (self/selves) with a hyphen to each pronoun. They are:

mwen-**menm**   (I/myself)

ou-**menm**   (you/yourself)

li-**menm**   (him/her/it/himself/herself/itself)

nou-**menm**   (we/you/ourselves/yourselves)

yo-**menm**   (they/themselves)

Additional emphasis is used sometimes:

Se ou-**menm menm** (It is you yourself)

Se mwen-**menm menm** (It is me myself)

Se yo-**menm menm** (It is them themselves)

Some practical use of pronouns:

mwen / m kapab ale pou kò-m
(I can go by myself)

ou / wap fè devwa-w
(You are doing your homework)

li / lale wè doktè-l
(She went to see his doctor)

nou / na wè-n pi ta
(We will see you later)

yo / yap pale avèk yo
(They are speaking with them)

Note: *Mwen-menm mwen toujou pote liv-mwen anba bra-m lè mwen pral lakay papa-m ki toujou chita sou menm chèz-la avèk yon vè ji bò kote-l.*

(I, myself, always carry my books under my arm when I visit my father at his home where he always sits on the same chair with a glass of juice next to him.)

A. Please write the four fundamental principles:

1. one_____for each_____ 2. same_____for same_____

3. _____silent_____ 4. each_____has its own_____

B. What are the personal pronouns:

Long form:_____Short form_____

C. Use the short form when possible to complete these:

radyo_____(your radyo-sing.) chen_____(our dog)

tab____(her table) kabann____(my bed) chat___(your cats)

_____ale (they left)_____achte (you bought-singular)

gade____(look at me) etenn___(turn it off)_____li (I read)

ri____(laugh at me) lakay____(her house) liv____(his book)

D. Use emphatic pronouns to complete these:

Ou achte radyo_____(You buy radios yourself)

Nou lave chen_____(We wash dogs ourselves)

Mwen fè kabann_____(I make beds myself)

Li bati kay_____(He builds houses himself)

Yo vole avyon_____(They fly airplane themselves)

Notes

STEP VII
(Setyèm Pa)
THE DETERMINERS
THE ADJECTIVES
THE NUMBERS
(Detèminan-yo)
(Adjektif-yo)
(Nimewo-yo)

i

a	an

e	è	en

o	ò	on	ou

Notes

In Haitian Kreyol there are two types of determiners:

1. those which **follow** the noun (definite article, possessive, demonstrative and adjective) and

2. those which **precede** the noun (indefinite article, adjective and numeral).
   (cf. Pompilus p.24)

A. ARTICLES

1. **definite articles**

   There are **five singular** definite articles. They are: **la lan nan a an**. The correct selection of a definite article depends on the ending of the element it always follows.

   a. If the preceding element ends with a non-nasal consonant, the determiner is **la** which itself begins with a non-nasal consonant

   ta**b-la** *(the table)*

   chè**z-la** *(the chair)*

   ka**y-la** *(the house)*

   teya**t-la** *(the theater).*

   b. If the preceding element ends with a consonant preceded by a nasal sound, the determiner **la** becomes nasalized as **lan**.

   m**ont-lan** *(the watch)*

   v**ant-lan** *(the belly).*

   c. If the preceding element ends with **m, n** or

   a nasal **y**, **lan** becomes **nan**.

da**m-nan** *(the lady)*

machi**n-nan** *(the car)*

pò**m-nan** *(the apple)*

p**eny-nan** *(the comb)*

d. If the preceding element ends with a non-nasal vowel, the determiner is **a** which itself is a non-nasal vowel.

biw**o-a** *(the desk)*

rady**o-a** *(the radio)*

e. If the preceding element ends with a nasal vowel, the determiner **a** becomes **an**.

b**an-an** *(the bench)*

egzam**en-an** *(the exam)*

kamy**on-an** *(the truck)*

f. The **only plural** definite article is **yo**:

tab-**yo** *(the tables)*

mont-**yo** *(the watches)*

biwo-**yo** *(the desks)*

ban-**yo** *(the benches)*

Note: ***The noun does not inflect for plural.***

2. indefinite article

The Haitian Kreyol indefinite article **yon/on** corresponds to the English indefinite articles **a** and **an**. It always precedes the noun.

yon tab, **yon** mont, **yon** fanm,
yon biwo, **yon** ban.

Or, mostly in oral language: **on** tab, **on** mont, **on** fanm, **on** biwo, **on** ban.

B. POSSESSIVES

The possessives mwen ou li nou yo always follow the noun in Haitian Kreyol:

Singular	**Plural**
liv-**mwen**	liv-**mwen-yo**
(my book)	(my books)
liv-**ou**	liv-**ou-yo**
(your book)	(your books)
liv-**li**	liv-**li-yo**
(his/her book)	*(his/her books)*
liv-**nou**	liv-**nou-yo**
(our/your book)	(our/your books)
liv-**yo**	liv-**yo**
(their book)	(their books)

Note: *After a noun that ends with a nasal sound, **li** may become **ni**: kabann-**ni**, diven-**ni**, kochon-**ni**.*

*The possessives, except **yo**, have short forms which are used after nouns ending with a vowel sound, except after monosyllabic prepositions **pou sou nan**.*

Other possessive forms:

pa-mwen	pa-m		pou-mwen	*(mine)*
pa-ou	pa-w		pou-ou	*(yours)*
pa-li	pa-l		pou-li	*(his/hers/its)*
pa-nou	pa-n		pou-nou	*(ours/yours)*
pa-yo	pa-yo	pou-yo		*(theirs)*

Negative forms:

pa pou-mwen	*(not mine)*
pa pou-ou	*(not yours)*
pa pou-li	*(not his/hers/its)*
pa pou-nou	*(not ours/yours)*
pa pou-yo	*(not theirs)*

C. DEMONSTRATIVES

The **singular** demonstrative in Haitian Kreyol is **sa-a** and the plural is **sa-yo**. They correspond to the English demonstratives **this/that** and **these/those**. They follow the noun.

machin-**sa-a** *(this/that car)*
machin-**sa-yo** *(these/those cars)*.

**The definite determiner always
comes after the noun.**

D. ADJECTIVES

1. **indefinite adjectives** occur generally before the nouns in Haitian Kreyol.

   Among others, the most often used are:

   kèk *(some)* plizyè *(several)* sèten *(certain)*
   divès *(various)* anpil *(many)* nenpòt *(anyone)*
   tout *(all)* menm *(same)* okenn *(any)* lòt *(other)*
   kokenn / kokennchenn *(huge)* lezòt *(others).*

Note: *Some adjectives serve as plural determiners of the nouns.*

2. **definite adjectives,** especially those that indicate colors, tend to come after the nouns.

   yon soulye blan *(a white shoe)*

   yon wòb wouj *(a red dress)*

   yon tab jòn *(a yellow table)*

   yon syèl ble *(a blue sky)*

A few definite adjectives occurred before a noun.

The most common are:

ansyen	yon ansyen Ayisyen *(an old fashion Haitian)*
bèl	yon bèl chwal *(a beautiful horse)*
bon	yon bon moun *(a good person)*
gwo	yon gwo madanm *(a big woman)*
gran	yon gran jaden *(a large garden)*
jenn	yon jenn fi *(a young girl)*
lòt	yon lòt wout *(another direction)*
move	yon move manje *(a bad food)*
ti	yon ti kay *(a small house)*
vye	yon vye chapo *(an old hat)*

Note: *Adjectives never inflect in Haitian Kreyol whether the nouns they modify are masculine, feminine, singular or plural.*

E. Comparisons

In Haitian Kreyol, **adjectives** are combined with adverbs and other grammatical elements to express degrees of comparison. Also, adjectives are combined with prepositions **pou, sou, nan, avèk** or **ak** in sentences like: *Yon travay fasil **pou** fè. Out e pale **sou** sa. Nou kontan **ak** li. Li pa kwè **nan** sa mwen di*

1. comparison of superiority

   This comparison is expressed with elements
   pi ... pase and **plis ... pase.**

   Janin **pi** bèl **pase** Àna
   (Janin is prettier than Ana)

   Yon mwa gen **plis** jou **pase** yon semenn.
   (One month has more days than a week)

Note: *Element **pi** is mainly used to compare qualities, and element **plis** to compare quantities. Their use with **pase** is preferable than with **ke**: **pi ... pase** or **plis ... pase.***

---

2. equal comparison

   The comparison is expressed with element **tankou.**

   Jina bèl **tankou** Silvya
   (Jina is as pretty as Sylvia)

   Li piti **tankou** yon timoun
   (He is as small as a child)

3. comparison of inferiority

   This comparison uses elements
   pa ... tankou and **mwens ... pase**

Jina **pa** bèl **tankou** Silvya
(Jina is not as pretty as Sylvia)

Yon mwa gen **mwens** jou **pase** yon anne
(One month has less days than a year)

4. **superlative**

The superlative, in Haitian Kreyol, is expressed in different ways, using a variety of elements with the adjectives.

The basic superlative element is **pi.** Some other elements used are: anpil, papa, manman, katafal, kokennchenn.

Se fwi mwen **pi** renmen
(This is the fruit I like best)

Bagay-sa-a enpòtan **anpil**
(This is very important)

Sa-a se yon papa **katedral**
(This is a huge cathedral)

Tifi-a vin yon **manman** fanm
(The girl became a bigger woman)

Li bati yon **katafal** kay
(He built a very large house)

Sometimes the superlative is expressed by doubling up the adjective, or it is reinforced by doubling up the superlative element.

Se yon **bèl bèl** tifi
(She is a very very pretty girl)

Bagay-sa-a enpòtan **anpil anpil**
(This is very very important)

Note: *Adjectives are combined with prepositions **pou, sou, nan, avèk** or **ak** in sentences like: Yon travay fasil **pou** fè. Mwen pale klè **sou** sa. Nou kontan **ak** yo. Li sòti byen **nan** antrav-li-a.*

F.   THE NUMBERS:

a. Cardinal numbers

b. Ordinal numbers

Numbers go in sequence from 0 to 20 first. Then they go in sequence of 10 from 21 to 30, from 31 to 40, from 41 to 50 and from 51 to 60. From there, they go from 61 to 80 and from 81 to 100 in sequence of 20.

The **t** at the end of **trant, karant, senkant and swasant,** becomes **n** before **twa, kat, senk, sis and sèt;** it returns **t** before **wit** and **nèf.** The first number of each sequence ends with **een,** except **katrevenen** which ends with **en.** (Please remember **en** is one sound).

a. Cardinal Numbers

0 zewo	20 ven	70 swasanndis
1 en/youn	21 venteen	71 swasannonz
2 de	22 vennde	72 swasanndouz
3 twa	23 venntwa	73 swasanntrèz
4 kat	24 vennkat	74 swasannkatòz
5 senk	25 vennsenk	75 swasannkenz
6 sis	26 vennsis	76 swasannsèz
7 sèt	27 vennsèt	77 swasanndisèt
8 wit/uit	28 ventwit/	78 swasanndizwit
	ventuit	/swasanndizuit
9 nèf	29 ventnèf	79 swasanndiznèf
10 dis	30 trant	90 katrevendis
11 onz	40 karant	91 katrevenonz
12 douz	50 senkant	92 katrevendouz
13 trèz	60 swasant	93 katreventrèz
14 katòz	70 swasanndis	94 katrevenkatòz
15 kenz	80 katreven	95 katrevenkenz
16 sèz	90 katrevendis	96 katrevensèz
17 disèt	100 san	97 katrevendisèt
18 dizwit/	500 senk san	98 katrevendizwit
dizuit		/katrevendizuit
19 diznèf		99 katrevendiznèf

1000	mil
10,000	dis mil
50,000	senkant mil
100,000	san mil
1,000,000	yon mil

Notes: *Numbers generally precede the nouns: katrevenen zwazo (81 birds); trannkat elèv (34 students); karantnèf chèz (49 chairs). They follow the nouns when they are used to indicate order: Lwi katòz (Louis the 14th); paj senkant (50th page).*

---

b. Ordinal Numbers

premyè oswa	ventyèm	*swasanndizyèm*
prenmyè	venteinyèm	*swasannonzyèm*
dezyèm	venndezyèm	*swasanndouzyèm*
twazyèm	venntwazyèm	*swasanntrèzyèm*
katriyèm	vennkatriyèm	*swasannkatòzyèm*
senkyèm	vennsenkyèm	*swasannkenzyèm*
sizyèm	vennsizyèm	*swasannsèzyèm*
setyèm	vennsetyèm	*swasanndisètyèm*
wityèm	ventwityèm	*swasanndiwityèm*
nevyèm	ventnevyèm	*swasanndiznevyèm*
dizyèm	trantyèm	*katrevendizyèm*
onzyèm	karantyèm	*katrevenonzyèm*
douzyèm	senkantyèm	*katrevendouzyèm*
trèzyèm	swasantyèm	*katreventrèzyèm*
katòzyèm	swasanndizyèm	*katrevenkatòzyèm*
kenzyèm	katreventyèm	*katrevenkenzyèm*
sèzyèm	katrevendizyèm	*katrevensèzyèm*
disetyèm	santyèm	*katrevendisetyèm*
dizwityèm	senk santyèm	*katrevendisnevyèm*
diznevyèm	milyèm	*katrevendisnevyèm*
dis milyèm	san milyèm	yon milyonnyèm

Notes: *The date sequence in Haitian Kreyol is:*
day + date + month + year. (No capitalization.)
madi disèt fevriye mil nèf san katrevenonz.
(Tuesday, 17 February, 1991)

Telephone numbers are given this way:
(401) 586 - 39 72 or (401) 586 – 3972
or (kat san en) senk san katrevensis – trantnèf swasanndouz or (kat san en) senk san katrevensis - twa mil nèf san swasanndouz.

A. 1.   What are the four fundamental principles in Haitian Kreyol?

a._____

b._____

c._____

d._____

2.   What are the ten basic sounds (vowels).
Give an example for each sound.

a._____(_____)   b._____(_____)
c._____(_____)   d._____(_____)
e._____(_____)   f._____(_____)
g._____(_____)   h._____(_____)
i._____(_____)   j._____(_____)

A. Using determiners *yon la lan nan a an yo*, complete:

tab_____(the tables) fanm_____(the woman) biwo_____(the desk)

Maten_____tifi_____bale kay_____anvan madanm_____rive.

Pwofesè_____ekri egzamen_____sou tablo_____ak lakre jòn_____

Tout timoun_____te vin chèche jwèt_____nan sant_____

C. Match each of the followings with a noun <u>once</u>:
bèl *(beautiful)*, bon *(good)*, gran *(large)*, gwo *(big)*, jenn *(young)*, lòt *(other)*, move *(bad)*, ti *(small)*, vye *(old)*

yon_____nimewo(number) yon_____gason(man) yon_____wout road)

yon_____chèz (chair) yon_____kay (house) yon_____lakou(yard)

yon_____manje (food) yon_____wòb (dress) yon_____moun (person)

STEP VIII
(Wityèm Pa)

THE VERBS
(Vèb-yo)

i

a an

e è en

o ò on ou

Notes

_____

_____

_____

_____

_____

_____

_____

_____

_____

_____

_____

_____

_____

_____

_____

_____

_____

_____

_____

_____

_____

_____

_____

_____

_____

_____

_____

_____

In Haitian Kreyol the form of the verb does not change. There is no subject-verb agreement as in other languages. The verb does not inflect to indicate person, tense or number.   *(cf. Zephyr pp. 85-88)*

Janin ranmase liv-li-yo.
(Janine picked up her books.)

Janin ak Silvya ranmase liv-yo
(Janine and Sylvia picked up their books.)

A. Verb Markers

In lieu of conjugation, verb tenses are indicated in Haitian Kreyol by markers (short particles) that occur before the verb: **te** for the past, **ap** for the present, and **pral, a, va, ava** for the future.

On occasion, the context in which the verb is used in a sentence expresses the tense without a marker.

1. Past Tense: immediate past and non-immediate past

a. immediate past: no marker + verb

Èske nou etidye jodi-a?
(Did you study today?)

Wi *nou* etidye jodi-a.
(Yes we studied today.)

This form indicates that the action took place not too long ago and might have some bearing on the present.

b. non-immediate past: te + verb

Li **te** marye mwa pase.
(She got married last month)

Èske ou **te** sòti samdi?
(Did you go out Saturday?)

Wi m **te** sòti samdi.
(Yes, I went out Saturday.)

This form indicates that the action took place some time ago, is completely terminated, and has no bearing on the present.

2. **Present Tense:** actual/factual and progressive/continuous
    a. **actual/factual:** no marker + verb

    Jozafa bale lakou-a toulejou.
    (Josapha sweeps the yard everyday.)

    Lekòl-la gen bon pwofesè
    (The school has good teachers.)

    Silvya chante an Kreyòl.
    (Sylvia sings in Kreyol.)

    Pwofesè-a bay devwa pou lakay toulejou.
    (The teacher gives homework everyday.)

This form indicates current, factual and habitual occurrences.

    b. **progressive/continuous:** ap + verb

    Nap chèche toupatou.
    (We are looking everywhere.)

    Tigason-an ap monte bisiklèt.
    (The little boy is riding a bicycle.)

    Jina ap rive toutalè.
    (Gina is coming momentarily.)

*The marker **ap** indicates that the action is occurring at this very moment, is continuing, or is about to happen.*

Notes: When **ap** occurs before the verb **ale** (to go), it combines with that verb to produce the form **prale** or **pral** (contracted form of prale): ap + ale = prale.

Manman-w pral sòti, ak ki moun li prale?
(Your mother is going out, with whom is   she going?)

Li prale avèk papa-m.
(She is going with my father.)

- *In the Northern part of Haiti, they use **ape** instead of **ap**:* Manman-ou **ape** sòti ak ki moun **lape** ale?

- *In Southern Haiti, they use **pe** instead of **ap**:*
li **pe** ale avèk papa-m

---

3. **Future Tense:** immediate/indefinite/uncertain / conditional

The future tense in Haitian Kreyol seems to be more complex than the past and present tenses. There is no exact way to indicate distant future.

a. **immediate future:** pral(e) + verb

Pita m pral chèche madanm-mwen.
(Later, I am going to pick up my wife.)

Mwa pwochèn Janin ak Silvya pral chante.
(Next month, Janin and Sylvia are going to sing.)

This form indicates that the action is going to take place, with some degree of certainty, in a relatively near future.

b. indefinite future: va/a/ava + verb

Nan twazan konsa m va fin etidye nan inivèsite-a.
(In about three years, I will complete my studies at the university.)

Ma vin lakay-ou yon jou.
(I will come to your house one day.)

Yava fè sa lè yo kapab.
(They will do that when they can.)

*These forms indicate that the action will take place sometime in the future. The form **a** is the more commonly used by the monolingual Haitian speakers.*

c. uncertain future: ka/kab/kap + verb
(see Note on the bottom of page 69)

Yo ka marye yon jou.
(They may marry one day.)

Timoun-yo ka ale nan sinema pita.
(The children may go to the movies later.)

This form suggests an uncertainty about the finalization of the action.

d. conditional future:
si + va/a/ava/ka + verb

Si lapli pa tonbe timoun-yo va sòti.
(If it does not rain the children will go out.)

Si m gen tan pi ta ma vin lakay-ou.
(If I have time later, I will come to your house.)

Si li la lava pale.
(If he is there, he will speak.)

Nou ka fè sa ki nesesè si yo ban-nou tan pou nou fè-li.
(We may do what is necessary if they give us time to do it.)

The conditional clause may precede or follow the
future *form.*

4. **Conditional Tense:** ta + verb

Si mwen te gen lajan m ta achte yon machin.
(If I had money, I would buy a car.)

Ou ta byennemab si ou te ede-m.
(You would have been kind if you had helped me.)

M ta renmen ale nan sinema.
(I would like to go to the movies.)

This form is used to express courtesy and wishes as well as the result of a condition.

5. **Negation:** pa + marker + verb

In Haitian Kreyol, negation is expressed with the particle pa inserted before the marker with the verb or the verb phrase. It occurs in a variety of combinations:

a. **immediate past:** pa + no marker + verb
   M pa manje maten-an.
   (I did not eat this morning)

b. **non-immediate past:** pa+te+verb = pat + verb
Anne pase m pat vwayaje.
(Last year, I didn't travel.)

c. **present actual/factual: pa + verb**
Mwen pa pale kreyòl.
(I don't speak Kreyol.)

d. **progressive/continuous: pa+ap+verb = pap+verb**
Jan pap jwe foutbòl.
(Jean is not playing football.)

e. **immediate future:** pa + pral(e) + verb
Demen Jozèf pa pral nan travay-li.
(Tomorrow, Joseph will not go to work.)

f. **indefinite future:** pa + ap + verb = pap + verb
Mwen pap vin wè-w anvan m refè.
(I will not come to see you before I am well.)

g. **uncertain future:** ka + pa + verb
*By exception, the verb marker **ka/kab/kap** precedes **pa** in this negative form:*
Yo ka pa ale nan peyi etranje anne pwochèn.
(They may not go abroad next year.)
"Yo pa ka ale" would mean: *They can't go.*

h. **conditional future:** si + pap + verb
Si elèv-yo pa etidye yo pap pase.
(If the students don't study, they won't pass.)

i. **conditional tense:** pa + ta + verb
Si li pa ta vini mwen pa ta ale.
(If he might not have come, I would not have gone.)

Note: *The elements **ka / kab / kap** are contracted forms of the modal verb **kapab** (to be able or can). They are mostly used as verb markers to indicate "uncertain future". Also, they may be used as modal verbs to indicate "ability" or "certitude". In these cases, it is preferable to use the complete word **kapab.***

B.   MODAL MARKERS:

(cf. Pompilus p. 34)

The basic meaning of Haitian Kreyol verbs may be modified by a number of modal verbs.

The most commonly used modal markers are:

a.   **fini** or **fin** is used to indicate a complete action:

Filip fin manje

(Philip has finished eating)

Filip fin kaba tout manje-a

(Philip has eaten all the food)

Filip fin soti nèt epi li chanje lide

(Philip had virtually left, then he changed his mind).

b.   **koumanse** or **kòmanse** is used to indicate a beginning action:

Filip koumanse manje

(Philip begins to eat).

c.   **soti** or **sòti** or **sot** or **sòt** is used to indicate a recent action:

Ti madanm-nan sot bat gwo msye-a

(The little woman has just beaten the big man).

d. **fèk** is used to indicate an action that has just occurred:

Filip fèk kòmanse sòti ak tifi-sa-a.

(Philip has just begun to take this girl out).

e. **vle** is used to indicate an expected immediate occurrence:

Lapli-a vle vini

(The rain is about to fall).

f. **peze** is used generally with monte and desann to indicate eagerness in action:

Tina peze monte epi li peze desann

(Tina drags up and then she drags down).

g. **konn** is used to indicate an habitual action:

Jina konn kouri pou kont-li

(Jina is accustomed to running alone)

h. **vin** is used to indicate an occurrence:

Yo te zanmi lontan anvan yo vin renmen

(They were friends for a long time before they fell in love)

i. **tonbe** is used to indicate a sudden action:

Li rete konsa li tonbe rele

(She just stays there and begins to yell)

j. **pran** is used like tonbe to indicate a sudden action:

Depi msye sou bweson-l li pran chante

(When he gets drunk he starts singing)

Kou madanm-nan rive li pran kòn-nan.

(As soon as she arrived, the lady took over)

The spelling of Haitian Kreyol or "Ayisyen", as established by Law on September 28, 1979, and officially introduced in the schools as a teaching-learning language, has received world-wide recognition and acceptance as the only standard spelling of the Haitian language.

Notes

THE COPULA "TO BE"

Substantives "Se" and "Ye"

i

a	an

e	è	en

o	ò	on	ou

Notes

Haitian Kreyol In Ten Steps

THERE IS NO EQUIVALENT to the verb **to be** in Haitian Kreyol. Various forms are used instead, depending on the particular sentence. *(cf. Zephyr pp. 88, 89)*

A.   ZERO COPULA

Copula is a linking verb; the connecting link between the subject and the predicate of a proposition.

   a.   **with predicate adjectives:**
   Jina ansent
   *(Jina **is** pregnant)*

   Jina te ansent anne pase-a
   *(Jina **was** pregnant last year)*

   mwen tèlman malad
   *(I **am** so sick)*

   mwen te tèlman malad ayè
   *(I **was** so sick yesterday)*

   si ou bouske-l byen wa jwenn-li
   (if you look for her well, you **will** find her)

Note: *This is also the case for yes/no questions containing a predicate adjective:*

   èske manje-a bon? (**Is** the food good?)
   wi li bon. (yes it **is** good.)

   non li pa bon li gate.
   (no, it **is** not good, it **is** spoiled.)

---

   b.   **with adverbial complements:**
   li anreta
   *(he **is** late)*

li la
*(she **is** there)*

li senkè
*(it **is** five o'clock)*

c. **with locative:**

Silvya nan klas-la
(Sylvia is in the classroom)

tifi-yo lakay-yo
(the girls are at home)

lanmè-a move bò resif-yo
(the sea is rough near the reefs)

Note: *English translations, in this handbook, are adapted literally on occasion to convey certain Haitian Kreyol peculiarities.*

B. Subtantives "Se" and "Ye"

Se and **ye** often occur in Haitian Kreyol where the English verb **to be** is used. They appear chiefly in cases of **identification, location, time,** and with the wh **(ki)** questions words.

Se generally occurs at the beginning or in the   middle of a phrase. **ye** is always at the end.

a. **identification:**

se yon chèz
(it is a chair)

se yon chèz sa-a ye
(it is a chair this is

m se pwofesè
(I am a teacher)

se pwofesè mwen ye
(it is a teacher I am)

yo se ameriken
(they are Americans)

se ameriken yo ye
(it is Americans they are)

b. location:

se nan kay-la li ye
(it is in the house she is)

se nan mòn-nan li ye
(it is in the mountain it is)

c. time:

li senkè *(it is five o'clock)*
se senkè li ye *(it is five o'clock it is)*

Note: *Se and **ye** are not translations of the verb to be in any form.*

---

d. ki (wh) question words:
ki moun sa **ye?**
(who is he?)
se yon doktè
(he is a doctor)

ki sa sa-a **ye?**
(what is this?)
se yon biwo
(this is a desk)

ki lè li **ye?**
(what time is it?)
se dezè li **ye**
(it is two o'clock it is)

ki lè yap vini?
(when are they coming?)
se demen ya vini
(they will come tomorrow)

ki kote (bò) nou **ye?**
(where are we?)
se nan yon jaden nou **ye**
(we are in a garden)

ki jan (kòman) ou **ye?**
(how are you?)
se malad mwen malad
(it is sick I am)

poukisa manje-a pa bon?
(why is the food bad?)
se paske kwizinyè-a pa fò
(it is because the cook is not competent)

Note: **ki** functions as a relative pronoun-subject when used to designate a noun. It precedes a predicate.

*moun **ki** mache anpil gen pye poudre*
(he who walks a lot has dusty feet*)*

*fanm **ki** jalou pa janm gra*
(women who are jealous never get fat)

Other question forms:

èske **se** yon doktè ou **ye**? *(are you a doctor?)*
non **se** kizinyè mwen **ye** *(no, it is a cook I am)*

èske **se** elèv yo te **ye**? *(were they students?)*
non **se** pwofesè yo te **ye** (no, it was professors they were)

èske **se** jodi-a yap vini? *(are they coming today?)*
non **se** lendi yap vini *(no, it is Monday they are coming)*

èske **se** nan bibliyotèk li **ye**? *(is she in the library?)*
non **se** nan laboratwa li **ye** *(no, it is in the laboratory he is)*

lap vin demen, pa vre? *(she is coming tomorrow, is she not?)*

m ta renmen konnen? *(I would like to know?)*

m ta vle mande-w yon konsèy?
(I would like to ask you for an advice?)

ou ka di-m ki sa wap fè-la-a?
(can you tell me what you are doing here?)

A. Write these sentences in English:

1. M sòti Ayiti. M rive isit sèz novanm anne-sa-a.

_____

2. Mwen te fèt mèkredi ventwit out mil nèf san katrevenkat.

_____

3. Èske m ka mete nenpòt wòb ble wouj vèt jòn wòz lè m vle?

_____

4. Ki moun ka di-m lè m dwe etidye leson-m ak fè devwa-m?

_____

5. (Twa san de) senk san dis - wit mil sisan katrevendisèt.

_____

B. Use pronouns **mwen ou li nou yo** or **m w l n y** to complete:

1. _____pa gen tan po_____fè s_____bezwen fè l_____avè_____.

2. Mch_____d_____yo pa gen kay po_____ankò pask_____van_____.

3. S_____travay ansan_____va kapab fini trava_____pi vit.

4. Izabèl di: "_____renme_____". Jan reponn: "_____menm tou".

5. Lav_____tout ta miyò s_____te tankou Jan ak Izabè_____.

C. Use determiners **yon la a an lan nan yo** to complete:

1. Sou tab jò_____wa jwenn vè dive_____ak pen nw_____.

2. Tif_____rete avèk mizisye_____nan bèl kay wò_____.

3. Tout timou_____te vin chèche jwè_____nan san_____.

4. Pwofes____ba_____devwa pou tout elè_____nan kla____.

5. Madan_____menne_____pitit vwaze_____w_____doktè.

D. Place these adjectives **ansyen bèl ble bon gran gwo jenn lòt move nwa ti vye wouj** <u>only once</u> to complete these sentences:

1. Yo_____fi rete nan yo_____kay ki gen yo_____lakou.

2. ____granmoun-nan fè p_____manje pas_____madanm-nan.

3. ____ayisyen-an mete yon souly____ak yon chemi_____epi yon krava_____

4. S_____che_____msye-a k_____konsa.

E. Using the verb markers **ap pral a va te** complete these:

1. Ayè Lidya p_____mete yon bèl wòb vèt lè l_____ale sinema.

2. Maten-an Jòjè_____netwaye kay msye-_____bati pou li.

3. Jodi-a papa Ja_____mennen-l kay doktè k_____gade je-li.

4. Pita papa Odilo_____travay nan magazen k_____louvri ayè.

5. Pita timoun-y_____kapab jwe lè y_____fini tout devwa-yo.

F. Fill the spaces with **se** and **ye**:

1. Tifi-sa-_____yon bon elèv l_____.

2. Madanm-na_____nan jaden l_____jodi-a.

3. Depi klòch-la sonnen kat fw_____katrè l_____.

4. Moun ki kote o_____?

5. Mwe_____moun nò kote sitadèl-l_____.

6. _____Anri Kristòf ki te fè bati legliz Milo-a jan l_____jounen jodi-a.

7. Direktè-a vl_____an ran pou tout elè_____.

STEP X
(Dizyèm Pa)

LEXICAL NOTES
(Nòt sou vokabilè)

i			
a	an		
e	è	en	
o	ò	on	ou

Notes

Haitian Kreyol is primarily a lexical-French-based language. Its lexicon, however, is largely enriched with words transmitted or collected from other languages.
(cf. Pompilus pp. 44-48)

Caribbean words:

kannari *(earthenware jar)*
kwi (calabash bowl)
patat (sweet potato)
sanba *(poet-musician)*

koralin *(small boat)*
mapou (ceiba tree)
ranmak *(hammock)*
sapoti *(tropical fruit)*

African words:

akasan (cornmeal porridge)
Bouki (folk character)
oungan (Vodou priest)
ountò *(ritual drum)*
wanga *(talisman)*

banboula (small drum)
ounfò (Vodou temple)
ounsi (Vodou temple servant)
Vodou *(Haitian religion)*
zonbi *(ghost)*.

Spanish origin:

abladò *(talker)*
bòlèt *(popular lottery)*
kabicha *(little nap)*
sapat *(sandal)*

awoyo *(river in spat)*
fouyadò *(curious)*
mizadò *(dawdler)*
vyewo *(cane cutter)*

English origin:

batrimann *(battery repairman)* bokit *(bucket)*
djòb *(job)*
kòl *(call)*
kawòtchoumann
(caoutchouc repairman)
sik *(sick)* windo *(window)*
anmbègè *(hamburger)*

goudrin *(good drink made with pineapple peel)*
ponch *(punch)*
bis *(bus)*
sosyal *(social security)*
òtdòg *(hot dog)*.

French words: Many Haitian Kreyol words have retained the 16th, 17th and 18th century French pronunciation of the same words:

biye *(note)* bout *(extremity)* bwè *(drink)*,
bwèt *(box)* chache *(to look for)* chaple *(rosary)*
chat *(cat)* frèt *(cold)* fwèt *(whip)*
jile *(vest)* jouk *(yoke* kwè *(to believe)*
lèt *(milk)* mwèl *(marrow)* rat *(rat)*
swèf *(thirst)* tabak *(tobacco)* takèt *(door bolt)*
toutous *(puppy)*   twòk *(barter)*

There are some 2,000 words which mean the same things in French and in Haitian Kreyol. There are, however, many French words which have been modified in Haitian Kreyol:

a. **by dropping the first syllable:**

kajou *(mahogany)*   instead of acajou
mare *(to tie)*   instead of amarrer
rive *(to arrive)*   instead of arriver
vale *(to swallow)*   instead of avaler

b. **by fusion of the noun with either the definite article, the possessive determiner or the partitive article:**

lekòl-la   l'école *(the school)*
legliz-la   l'église *(the church)*
zabriko-yo   les abricots *(the apricots)*
zo-yo   les os *(the bones)*
monnonk   mon oncle *(my uncle)*
dlo   de l'eau *(water)*

c. **by substituting i for u, e for eu, and è for eur:**

kalkil   calcul *(calculus)*
sentiwon   ceinture *(belt)*
chalè   chaleur *(heat)*
cheve   cheveu *(hair)*
kirye   curieux *(curious)*

d. by nasalization:

kannal	canal *(ditch)*
kann	canne *(sugar cane)*
kannari	canari (earthenware jar)
kanmrad	camarade *(comrade)*
janm	jambe *(leg)*

e. by the drop of letter r at the end of any syllable:

tanbou	tambour *(drum)*
pòt	porte *(door)*
sèten	certain *(certain)*
siga	cigare *(cigar)*
dola	dollar *(dollar)*

f. by changing French sounds like aise, age, ase, ose to èy, ay or òy:

chèy	chaise *(chair)*
bagay	bagage *(luggage)*
lakay	la case *(home)*
piyay	pillage *(pillage)*
kichòy	quelque chose *(something)*

French / Haitian Kreyol Differences

Many words (more than 700) with the same pronunciation in French and Haitian Kreyol have different meanings in each language.

Kreyol	French
kriye *(to weep)*	crier *(to scream)*
kofre *(to hit on the chest)*	coffrer *(to put in jail)*
jape *(all dog's yap)*	japper *(puppy's yap)*
prete *(to lend & to borrow)*	preter *(to lend)*
soufle *(to whistle & to blow)*	souffler *(to blow)*
twonpri *(error)*	tromperie *(deceit)*
falèz *(precipice)*	falaise *(cliff)*
bonbon *(cake, cookie, sweets)*	bonbon *(comfit, candy)*

English / Haitian Kreyol Differences
(cf. Roro pp. 23-25)

Many words that sound similar in English and Haitian Kreyol have often different meanings.

Kreyol	French
abitan *(peasant)*	inhabitant *(permanent resident of a region)*
boutik *(mom and pop store)*	boutique *(exclusive fashion shop)*
brigan *(boisterous child)*	brigand *(a pirate)*
bouk *(rural village)*	book *(bound sheets of paper)*
fig *(banana)*	fig *(fruit of the palm tree)*
file *(to sharpen)*	file *(to make smooth)*
frekan *(fresh, bold)*	frequent *(occurring often)*
kabann *(bed)*	cabin *(a small dwelling)*
kabare *(cafeteria tray)*	cabaret *(night club)*
kaskèt *(cap)*	casket *(coffin)*
konsilte *(to examine a patient)*	consult (to seek advice)
kras (stingy)	crass *(tasteless)*
marinad *(spicy fritter)*	marinade *(blend of condiments)*
mis *(nurse)*	Miss *(unmarried female)*
òdinè *(vulgar)*	ordinary (common)
odyans (familiar talks)	audience *(group of spectators)*
pit *(sisal)*	pit *(deep hole in the ground)*
plak *(phonograph record)*	plaque *(hanging wall ornament)*
rape *(to snatch)*	rape *(sexual assault)*
vakabon *(playboy)*	vagabond *(drifter)*
vèst *(jacket)*	vest *(sleeveless garment)*
visye *(who commits petty larceny)*	vicious *(dangerously cruel)*

Words of Haitian Origin

Many words in Haitian Kreyol are the products of the collective creativity of the Haitian people. *(cf. Pompilus p.46)*

a. **words by derivation**

bèlte *(beauty)*	from bèl *(beautiful)*
beke *(to peck)*	from bèk *(beak)*
betize *(to joke)*	from betiz *(non sense)*
chicha *(stingy person)*	from chich *(stingy)*
kave *(to drink a lot)*	from kav *(cellar)*
klete *(to lock)*	from kle *(key)*
lwanje *(to praise)*	from lwanj *(praise)*
tafyatè *(drunkard)*	from tafya *(taffia)*

b. **implicit derivation: noun-verb**

bale	broom *(to sweep)*
batay	fight *(to fight)*
blese	injure *(to injure)*
manje	food *(to eat)*
travay	work *(to work)*

c. **words by composition with: gran, gwo, machann, pye, san, vant**

granchire *(braggart)*
grandizè *(show-off)*
granfòma *(know-it-all)*
grannèg *(VIP)*
granpanpan *(pretentious person)*

gwobwa *(VIP)*
gwojipon *(important woman)*
gwomoun *(VIP)*
gwonèg *(VIP)*
gwozotobre *(VIP)*
`gwozouzoun *(VIP)*

machann *(vendor)*
machann flè *(florist)*
machann lèt *(milkman or milkwoman)*
machann vyann *(butcher)*

pyebwa *(tree)*   pye kokoye *(coconut tree)*
pye korosol *(tropical milky fruit tree)*
pye mango *(mango tree)* pye sapoti *(sapodilla tree)*
pye zaboka *(avocado tree)* pye zabriko *(apricot tree)*

san *(without)*
sankoutcha *(disheveled)*
sanlespri *(stupid)*
sanmanman *(drifter)*
sannen *(without pride)*
sanwont *(shameless)*
sansantiman *(no self-esteem)*

vant *(belly)* vant anfle *(worthless person)*
vant deboutonnen *(over fed)*
vant lib *(frequent bowel movements)*
vant mennen/vant pase *(diarrhea)*

d. words and expressions suggested by circumstances:

alevini / antresoti *(come and go)*
ansyen pòv / patekwè *(parvenu)*
beseleve *(to bustle about)*
moun vini *(newcomer)*
kenbepalage *(to hold tight)*
potekole *(to go ahead)*
virevoye *(to go around)*

CAUTIONARY NOTES:

Due to distinct connotations, some words of various origins must be used cautiously in Haitian Kreyol. Learners should be careful about the following words which, among others, are often used incorrectly:

➢ **bagay, chòz, zafè** mean thing, all things, but **bagay** also means genitals, and **zafè** means both genitals and sexual relations.

➢ **eskrin/triye** (screening) suggests prejudicial decision to many Haitians.

➢ **kilti** (culture) refers mainly to crops. There are, however, two valid words for culture in Haitian Kreyol:

1. One is **levasyon** to indicate the transfer, communication or pass along to succeeding generations of the ideas, customs, traditions, skills, arts, language, religion, etc. of the people.

2. The other is **eklerasyon** to describe the social structures and the artistic, religious and intellectual manifestations that characterize and distinguish a group or a society. It refers also to all the knowledge acquired in various fields.

➢ **konnen** is improper when used for "to know or to be familiar with". The proper verb is **rekonnèt**.

➢ **kwoke** means to hook up, but in the Northern part of the country it suggests desirous embrace. It is better to say **pann** or **pandye.**

➢ **lanmou** suggests physical love, while **renmen** means to like, to love or in love.

➢ **mantal** (mental) suggests insanity.

➤ **paran** (parents) suggests the extended family or nothing for some Haitian children. It is preferable to use **manman, papa** or **fanmi.**

➤ **peryòd** means menstruation primarily.

➤ **sèks** (sex) only means genitals or sexual intercourse. There is no generic word related to gender in Haitian Kreyol.

➤ **tès** (test) suggests only laboratory tests - **egzamen** (exam) is a better word for school tests.

Canvas for Review Answer Key

Canvas 1
A. 1(b) 2 (c) 3 (c) 4 (d)

B. a a en ò ò è e e e ou a ou è è è on on on i i i en en en o o e an a an an e ò en an è

C. jinjè atestasyon kapitòl zigzag manbo chachlik famè èlmintik nòtwestèn youz

Canvas 2
A. 1. sign sound 2. sign sound 3. no letter 4. letter function

B. mwen ou li nou yo m w l n y

C. l w nou li mwen ou-yo yale ou m li mwen m li li

D. ou-menm nou-menm mwen-menm li-menm yo-menm

Canvas 3
A. 1. a. One sign for each sound b. The same sign for the same sound
    c. No silent letter 4. Each letter has its own function
  2. a an e è en I o ò on ou

B. yon yon yon yo yo yo an a la nan a an a nan yo yo lan a

C. lòt jenn vye ti gwo gran bon bèl move (change acceptable)

Canvas 4
A. 1. I come from Haiti. I arrive here November sixteen this year
  2. I was born Wednesday, August 28, 1984
  3. Can I wear any blue, red, green, yellow, pink dress when I want?
  4. Who can tell me when I must study my lesson and do my homework?
  5. (302) 518 1697

B. 1. M mwen mwen mwen ou / Li li li li li / Nou nou nou nou ou
  2. li li yo li li
  3. nou nou nou / la
  4. mwen ou mwen
  5. nou nou yo

C. 1. nan an a
  2. a an la
  3. yo yo lan
  4. a yon yo la
  5. nan yon an yon

D. 1. jenn gwo wouj gran
  2. vye bon bèl
  3. ansyen nwa ble
  4. ti gran move

E. 1. te te
    2. ap/pral te
    3. va/pral va
    4. pral te
    5. va va

F. 1. se ye   2. se ye
    3. se ye   4. ye
    5. se ye   6. Se ye
    7. se ye

APPENDICES

Historical Notes

The birthday of what is commonly called the "Creole language" is not definitely established. But, it is almost certain that efforts to write it began in the 18th century in order to communicate effectively with the population of the French colony of Saint-Domingue.

For example, the 1793 Proclamation by the French Civil Commissioner Sonthonax, granting General Freedom for all slaves in Saint-Domingue was written as follows:

> *"Tout nègues & milates, qui zesclaves encore, nous déclaré io tout libe. Io gagné même droit que toute les autes citoyens Français; mais io va suive zordonnance que nou va fait."*

This French graphy was used until the 1940's by Haitian writers. The reason, according to Dr. Pradel Pompilus, was because they did not dare to disturb the visual habit of their readers. Hence, the following text:

> *Ioun niche miel plein sirop tè trouve-l' sans maître. Guêpe réclamé-l', Miel réclamé-l'. Yo pote cause-la devant Macaque, Macaque t'a bien vlé confisqué tout affaire-la pour bouche part-li, mais li pas n'ose: Miel ac Guêpe c'est deux bêtes qui gagner mauvais piquant"* …

In the 1940's, an Irish Methodist minister, H. Ormond McConnell, and an American literacy specialist, Frank Laubach, initiated a phonetically-based spelling system, as shown by the following:

> *"Lè sa, chèf fàmiy-a râsàble tout pitit li, fàmiy li: bò-fis, pitit pitit-a, kèk zâmi êpòtâ, sitou zâmi ki té-ba li plis kôkou lè li t-ap-fè jadê-â, pou vin gouté diri avè-l; sa vlé di, prémié fwa ké-li t-apral mâje nâ-diri-a."*

This spelling was replaced in the 1950's by what became known as the Pressoir-Faublas spelling. It was devised by philologist Charles F. Pressoir and educator Lelio Faublas, both Haitians.

They proposed to replace **â ê ô** by **an en/in on** and to write **i-n** instead of **in** in words like **machi-n** and **a-n** instead of **an** in words like **pa-n.** Also they replaced **y** by **i** in words like **pié** and **w** by **ou** in words like **moua.** The revised spelling was accepted and used for twenty-five years.

The following excerpt comes from "Prémié Kozé" of the Bible written in Pressoir-Faublas spelling and titled: Bib la: Paròl Bondié an AYISYIN "The Bible: God's word in Haitian:"

Nan tan lontan, lè pat ankò gin machi-n pou fè liv, sé kopié yo té konn kopié liv yo alamin. Sé poutèt sa yo té rélé liv sa yo maniskri, ki vlé di liv yo kopié alamin. Se konsa, nou pa janm jouinn prémié prémié liv yo té ékri yo. Sé grémési maniskri yo liv yo rivé jouinn nou."

The spelling of Haitian Kreyol or **"Ayisyen"**, as established by Law, on September 28, 1979 and officially introduced in the schools as a teaching-learning language, in January 31, 1980, has received world-wide recognition and acceptance as the only standard writing of the Haitian language today.

Dyalog/Dialogue I

➢ Bonjou madanm. Ki jan ou ye?
(Good day, madam. How are you?)

➢ M byen mèsi e ou-menm?
(Well, thank you, and you?)

➢ M byen tou avèk lèd Gran Mèt-la.
(I am well also with the Great Master's help.)

➢ M rele Dyedonne e ou-menm ki jan ou rele?
(My name is Dyedonne and you, what is yours?)

➢ Mwen-menm m rele Filomèn.
(Myself, my name is Filomèn.)

➢ Se yon bèl ti non.
(That's a pretty name.)

➢ Se te non manman manman-m.
(It was my grandmother's name.)

➢ Pa-mwen se te non papa papa-m.
(Mine was my grandfather's.)

➢ Tigason sè-m-nan rele Dyedonne tou.
(My sister's boy's name is Dyedonne also.)

➢ Ou pa gen pitit ou-menm?
(You don't have any children yourself?)

➢ Wi mwen gen yon tifi.
(Yes, I have a daughter.)

➢ Ki jan li rele?
(What is her name?)

➤ M rele-l Matilda.
   (I call her Matilda.)

➤ Se pa yon non ayisyen?
   (This is not a Haitian name?)

➤ Non papa-l te panyòl.
   (No, her father was Hispanic.)

➤ Li pa la ankò?
   (He is not around any more?)

➤ Non li tounen nan peyi-l
   (No, he returned to his country.)

➤ Ki laj Matilda genyen?
   (How old is Matilda?)

➤ Li fèk gen senkan nan mwa daou-a.
   (She was just five years old in August.)

➤ Li pral kindègadenn anvan lontan?
   (Is she going to kindergarten soon?)

➤ Wi kou lekòl louvri nan mwa septanm-nan.
   (Yes, as soon as school opens in September.)

Exercise: *Underline the key words in that conversation and then write in Haitian Kreyol a description of the topics discussed.*

Dyalog/Dialogue II

➢ Bonjou msye. Ban-m nouvèl-ou
   (Good day, sir. What's new about you?)

➢ M pa pi mal. Men sa ta ka miyò.
   (I am soso. But things could be better.)

➢ Ki sa-a ki ta ka miyò?
   (What is that which could be better?)

➢ Sitiyasyon-an ki di anpil.
   (The situation which is very hard.)

➢ Tout moun konn sa. Men ki sa ki fè lavi-a difisil konsa?
   (Everybody knows that. But, what makes life so difficult?)

➢ Lè ou pa kapab peye lwaye-w, bay pitit-ou manje, abiye-yo, lavi-a vin
   tankou lanfè.
   *(When you cannot pay your rent, feed your children, and dress them, life
   looks like hell.)*

➢ Ou pa touche nan travay-ou?
   (You don't get paid at work?)

➢ Si mwen pa te touche, mwen-menm ak lafanmi-m nou ta mouri deja.
   (If I did not get paid, my family and I would be dead already.)

➢ Ou bezwen aprann ki pi bon jan pou ou sèvi ak lajan-w.
   (You need to learn the best way to budget your money.)

➢ Fò dabò m gen lajan-an.
   (First, I must have the money.)

➢ M te kwè ou touche nan travay-ou?
   (I thought you were paid at work?)

➢ Touche ak gen lajan pa menm bagay ditou.
   (Being paid and having money are not the same thing at all.)

➤ M pa konprann.
   (*I don't understand.*)

➤ Travay-la pa peye. Lè yo ba-w ti monnen-an ou vin pi razè pase lè ou patko touche-a.
   (*The work pay is very small. When you get paid, you become more broke than before the pay.*)

➤ Sa ki lakòz sa rive?
   (*What causes that to happen?*)

➤ Sa ki pou fèt ak ti lajan-an pi plis anpil pase-l.
   (*What has to be done with the money is much more than its value.*)

➤ Pito ou chache yon travay ki peye pi byen.
   (*You'd better look for a better paid job.*)

➤ Ou gen rezon men sa pa fasil.
   (*You are right, but that's not easy*)

Exercise: *Underline the key words in that conversation and then write in Haitian Kreyol a description of the topics discussed*

KOULÈ *(COLORS)*

Yo di nan lakansyèl gen sèt koulè.
(There are seven colors in a rainbow, they say.)
Koulè-sa-yo se: *(These colors are:)*
wouj *(red)*, **jònabriko** *(orange)*, **jòn** *(yellow)*, **vèt** *(green)*,
ble *(blue)*, **digo** *(indigo)*, **vyolèt/mòv** *(purple)*.

Men gen lòt koulè ankò tankou sa yo ka jwenn nan kolye maldjòk-yo.
(But, there are other colors that can be found, like those in
the protective necklaces.) Se: *(They are:)*
mawon *(brown)*, **nwa** *(black)*, **blan** *(white)*, **wòz** *(pink)*.

MWA NAN ANNE-A *(MONTHS OF THE YEAR)*

janvye	*January*
fevriye	*February*
mas	*March*
avril	*April*
me	*May*
jen	*June*
jiyè	*July*
out/daou	*August*
septanm	*September*
òktòb	*October*
novanm	*November*
desanm	*December*

JOU NAN SEMEN-NAN *(DAYS OF THE WEEK)*

lendi se premyè jou aktivite
(Monday is the first activity day

madi se dezyèm jou travay
(Tuesday is the second working day)

mèkredi se twazyèm jou lekòl
(Wednesday is the third school day)

jedi se katriyèm jou sòti
(Thursday is the fourth day out)

vandredi se senkyèm jou konmès
(Friday is the fifth business day)

samdi se sizyèm jou mache
(Saturday is the sixth market day)

dimanch se setyèm jou pou poze
(Sunday is the seventh day to rest)

KAT SEZON-YO *(THE FOUR SEASONS)*

prentan: lapli tonbe annou plante
(Spring: it rains, let's plant)

lete: chalè monte ann al benyen
(Summer: it's hot, let's go swimming)

lotòn: chalè ale tout fèy vin mi
(Fall: it's cool, leaves turn yellow)

livè: fredi rive annou chofe
(Winter: it's cold, let's warm up)

Ann Ayiti gen **sezon sèk** ak **sezon lapli**
(In Haiti there are dry and rainy seasons)

ANN BAY ODYANS *(JOKES TIME)*

Yon jou yon pwofesè tap vwayaje nan menm bato ak yon tigason. Pwofesè-a mande tigason-an: "Èske ou konn li?" Tigason-an reponn: " Non m pa konn li. M pa janm al lekòl." "Donmaj pwofesè-a di ou deja pèdi twaka nan lavi-w."

Apre kèk tan vin gen yon gwo tanpèt sou lanmè-a. Bato-a pre chavire. Tigason-an mande pwofesè-a: "Èske ou konn naje?" Lè pwofesè-a reponn "non" tigason-an di: "Mizèrikòd ala yon malè pou ou, ou pral pèdi tout lavi-w."

(One day, a professor was traveling on the same boat as a young boy. The professor asked the boy: "Do you know how to read?" The boy said: "No, I don't. I've never been to school." "Too bad, the professor said, you have already lost three-fourth of your life."

After a little while, there was a sea storm. The boat was about to sink. The boy asked the professor: "Do you know how to swim?" When the professor answered "no", the boy said: "Oh dear, what a pity, you are about to loose your whole life.")

Yon jou Tantafè ale lakay Papa Bondye. Lè li rive li mande: "Papa Bondye konbyen yon milyon anne ye pou ou?" Papa Bondye reponn: "Yon ti moman." Apre sa Tantafè di: "Konbyen yon milyon dola ye pou ou?" Bondye reponn: "Senk kòb." Alò Tantafè di: "Papa Bondye tanpri ban-m senk kòb." Bondye reponn: "Ak gran plezi pitit-mwen tann yon ti moman."

(One day "Tantafè" went to God's home. When he arrived, he asked: "Good God, how much is one million years to you?" God replied: "Just a moment." Then "Tantafè" said: "How much is one million dollars to you?" God answered: "Just five cents." Hence "Tantafè" said: "Dear God, please give me five cents." God replied: "With great pleasure my son, just wait a moment.")

DEVINÈT (HAITIAN RIDDLES)

Lakataw fè klaw lan Ginen tande: **loraj**
*(The noise goes "claw" and Guinea hears: **storm**)*

Kat pat bat lawouze de pistole vize anlè: **bèf**
*(Four paws beat the dew, two pistols aim into the air: **a bull**)*

Pase isit pase laba na kontre: **senti**
*(Pass this way, pass that way we'll meet: **belt**)*

M gen yon ti malèt tout tan map debale-l se plis bèl rad map jwenn:
chou
(I have a little trunk, more I unpack it more beautiful clothes I find:
cabbage)

Dlo kouche: **melon**
*(Water lying down: **melon**)*

Dlo kanpe: **kann**
*(Water standing up: **sugar cane**)*

Fèy nan pyebwa ki chaje ak pawòl: **liv lekti**
*(Leaves in the tree that are full of words: **books**)*

Pawòl Granmoun *(Haitian Proverbs)*

Lawouze fè banda touttan solèy pa leve
(The dew gleams until the sun arises)

Ravèt pa gen rezon devan bèk poul
(Cockroach has no case against hen's beak)

Rat ki gen ke pa janbe dife
(Rats with tails don't cross fire)

Nanpwen renmen ki pa mande kite
(There is no love immune against breakup)

Lè ou gen devenn lèt kaye kase tèt-ou
*(When you have bad luck, clabbered milk will
break your head)*

Bouch manje tout manje men li pa pale tout pawòl
(The mouth eats all foods, but it doesn't speak all words)

Sòt ki bay enbesil ki pa pran
(It is a fool who gives, it is an imbecile who doesn't take)

M vin tire bèf m pa vin konte vo
(I come to milk the cow, not to count the calves)

Bat chen tann mèt-li
(Beat the dog, wait for its master)

Sa Bondye sere pou-ou lavalas pa janm bwote-l ale
(What God holds for you, no flood can wash it away)

Ti grenn fè gwo pyebwa
(A little seed makes a big tree)

SONNEN KLÒCH-LA SONNEN

Maten-an klòch-la karyonnen ge
Kè klòch-la te kontan kont kontan-l
Se te maryaj Tita ak Tinès.
Amidi-a li sonnen byen sen
Klòch-la te sonnen pou lapriyè
Klòch-la te gen tout repo lespri-l.
Akatrè-a klòch-la te sonnen tris
Kè klòch-la tap benyen nan lapenn
Vwa klòch-la te sonnen tris anpil
Pou Ton Si ki pati lan Ginen.

Pou jounen-an
Klòch-la te tris
Klòch-la te sen
Klòch-la te ge.
Klòch-la te sonnen twa fwa
Twa fwa vwa klòch-la te rezonnen
Pou di nou tout lavi gen twa fas.
Lavi gen maten
Lavi gen midi
Lavi gen aswè.

Klòch-la va sonnen sen
Li va karyonnen ge
Vwa-li va tris anpil.
Nan pran sonnen tris
Li va karyonnen ge
Byen sen li va sonnen.
Li va sonnen twa fwa
Twa fwa li va pran sonnen
Sou chimen tout kretyen.

From "Lavi An Miyèt"
by Pauris Jean-Baptiste

Fèy enskripsyon lekòl

School Registration Form

1. Lekòl-la _____ 2. Dat_____

3. Non elèv-la_____

4. Ki kote li rete_____
   Tel.:_____Ijans:_____
5. Èske se fi osnon se gason?_____

6. Idantite_____

7. Elèv-la fèt_____
   dat   mwa   anne

8. Kote li fèt_____

9. Batistè prezante?___wi_____non

10. Lòt papye rezante_____

11. Lèt lekòl li te ale nan Brawad_____

12. Ki anne_____ nan ki klas_____

13. Ki lòt denyè lekòl li te ale _____

14. Ki kote _____

15. Ki anne _____jouk ki klas _____

16. Non moun ki responsab elèv-la_____

17. Non papa-l/bòpè-l _____

18. Jouk ki klas li rive? _____

19. Ki metye-l?_____

20. Kote li travay_____

21. Nimewo telefòn-nan_____

22. Non manman-l/bèlmè-l_____

23. Jouk ki klas li rive?_____

24. Ki metye-l?_____

25. Kote li travay_____

26. Nimewo telefòn-nan_____

27. Ki lang yo pale?_____

29. Lakay ki moun elèv-la rete?_____

Chante popilè ayisyen (Haitian Popular Songs)

Choukoun

Dèyè yon gwo touf pengwen
Lèt jou mwen kontre Choukoun
Li souri lè li wè mwen
Mwen di: "Syèl ala bèl moun!" (2 fwa)
Li di: "Ou twouve sa chè?"

Ti zwèzo ta pe koute-nou nan lè (2 fwa)
Kan mwen sonje sa mwen genyen lapenn }
Ka depi jou-sa-a de pye mwen nan chenn } (2 fwa)

Choukoun se yon marabou
Je-li klere kou chandèl
Li genyen tete doubout
Aha! si Choukoun te fidèl (2 fwa)
Nou rete koze lontan

Jis zwezo nan bwa te parèt kontan (2 fwa)
Pito bliye sa se twò gwo lapenn   }
Ka depi jou-sa-a de pye mwen nan chenn } (2 fwa)

Ti dan Choukoun blan kou lèt
Bouch-li koulè kayimit
Li pa gwo fanm li grasèt
Fanm konsa plè-mwen touswit (2 fwa)
Tan pase pa tan jodi...

Tout zwazo nan bwa ki ta pe koute (2 fwa)
Si yo sonje sa yo dwe nan lapenn   }
Ka depi jou-sa-a de pye-mwen nan chenn } (2 fwa)

Nale lakay manman-li
Yon granmoun ki byennonnèt
Sito li wè-mwen li di:
Aha! mwen kontan sila-a nòt (2 fwa)
Nou bwè chokola onnwa

Ti zwezo tande tou sa ki te di (2 fwa)
Pito bliye sa se twò gwo lapenn   }
Ka depi jou-sa-a de pye-mwen nan chenn } (2)

Yon gran banda vin rive
Gason vanyan ak bèl pòz
Li gen travay nan prive
Malè-mwen li ki lakòz (2 fwa)
Li twouve Choukoun joli

Li pale save Choukoun renmen-li (2 fwa)
Pito bliye sa se twò gran lapenn   }
Choukoun kite-mwen de pye-mwen nan chenn } (2 fwa)

Lyrics: Oswald Durand - Music: Mauleart Monton

Anjeliko

Tifi ki pa konn lave pase
Ale kay manman-w
Tifi ki pa konn rakomode
Ale kay manman-w
Tifi ki pa konnen kwit manje
Ale kay manman-w
Anjeli-ko, Anjeli-ko
Ale kay manman-w
Ale kay manman-w chè (2 fwa)   }
Ale kay manman-w Anjèl   } (2 fwa)
Pou nou pa gen dezagreman   }

Ayiti Cheri

Ayiti cheri pi bon peyi pase ou nan pwen
Fòk mwen te kite-w pou mwen te kapab konprann valè-w
Fòk mwen te manke-w pou mwen te kab apresye-w
Pou mwen santi vrèman tou sa ou te ye pou mwen
Gen bon solèy bon rivyè ak bon brevaj
Anba pye bwa ou toujou jwenn bon lonbraj
Gen bon ti van ki ban-nou bon ti frechè
Ayiti Toma se yon peyi ki mèchè.

Lè-w lan peyi-mwen kote ou pase nan tout gran chimen
Se bonjou konpè e makòmè e timoun-nan-yo?
Sa n pa wè konsa manyè rantre ti bren
Pou nou bwè kichòy pou nou jwe de ti kout zo.
Fin bay lanmen se rantre lan gran pale
Se politik se move sitiyasyon
Sa pou nou fè se pou nou pran-l kou li ye
Men Bondye si bon la ban-nou benediksyon.

Lè-w ann Ayiti ou pa jam manke tan pou soufle
Sa wap fè jodi ou ka fè-li demen si ou vle
Kan demen rive kit li bon kit li pa bon
Sa pa fè anyen tout moun konn di Bondye bon.
Ann Ayiti moun pa janm dezespere
Nou gen lafwa nan yon Dye ki pa janm manti
Nap fè jodi kan demen pa asire
Ala bon peyi o Bondye se Ayiti

Lyrics and Music by Othello Bayard

Ayiti peyi-mwen

1. Mwen fèt nan yon bèl ti peyi
   Ki benyen lan mè dèzantiy
   Peyi-m sila-a wi m renmen-li
   Li tèlman dous tèlman trankil.
   Ayiti se konsa l rele
   Li trè joli li trè chaman
   Yo mèt ban-m lò mèt ban-m dyaman
   Mwen pap janm kite-l.

   Refren
   Ayiti! Ayiti! Mwen renmen-w pou tout lavi   }
   Ayiti manman cheri   } (2 fwa)
   Se lan bra-w pou mwen mouri   }

2. Peyi-m sila-a se siwo myèl
   Li dous pase yon kann kreyòl
   Pitit-li pa konprann valè-l
   Paske li pa genyen bon dyòl.
   Men etranje ki apresye-l
   Depi nan peyi-a l vini
   Li pa vle pyès pou li kite-l
   Tan li renmen-ni.

3. Ayiti se yon marabou
   Ki kapab fè yon nonm vin fou
   Ayiti se yon milatrès
   Li konn zye dou li konn karès.
   Ayiti se yon bèl grifonn
   Ki kapab bay yon nonm frison
   Ayiti se yon bèl nègès
   Li met moun nan livrès

Lyrics and Music by Marcel Sylvain

Ti Zwazo

Popular children song

Ti zwazo kote ou prale   }
M prale kay Fiyèt Lalo   } (2 fwa)
Fiyèt Lalo konn manje timoun   }
Si wale la manje–ou tou   }

Brik kolobrik. Brik kolobrik   } (2fwa)
Wosiyòl manje kowosòl   }

Woulo woulo woulo
Ann arivan-m lavil Lyogàn
Tout bèt tonbe nan bwa   (anpil fwa)

Dodo Titit

Haitian Lullaby

Dodo titit manman-li
Dodo titit papa-li
Si titit-la pa vle dodo   }
Krab nan kalalou va manje-li   } (2 fwa)

Manman-li ale larivyè
Papa-li ale peche krab
Si titit-la pa vle dodo   }
Krab nan kalalou va manje-li   } (2 fwa)

Dodo titit, krab nan kalalou   } (2 fwa)

Désalinyèn - Ochan pou Ayiti

Haitian National Anthem

Pou Ayiti peyi zansèt-yo
Annou mache men nan lamen
Lan mitan-n pa fèt pou gen trèt
Sou tè-n nou dwe sèl mèt.
Annou mache men nan lamen
Pou Ayiti ka vin pi bèl
Annou, annou met tèt ansanm
Pou Ayiti onnon tout zansèt-yo.

Pou Ayiti onnon zansèt-nou
Nou dwe sèkle nou dwe plante
Se nan tè nou gen tout fòs nou
Se li ki ban-n manje.
Ann bite tè, ann voye wou
Ak kè kontan fòk tè-a bay
Sèkle, wouze fi kou gason
Pou nou ka viv ak sèl fòs ponyèt-nou

Nou gen on drapo tankou tout pèp
Nou dwe renmen-l mouri pou li
Se pa kado blan te fè nou
Se san zansèt-nou-yo ki te koule.
Pou nou kenbe drapo si-la-a
Nou dwe travay met tèt ansanm
Pou lòt peyi ka respekte-l
Drapo si-la-a se nanm tout Ayisyen.

Lyrics : Justin Lhérisson
Music : Nicolas Geffrard
Haitian Kreyol translation:
Ansy Derose & Raymond Moyse

KONSTITISYON REPIBLIK AYITI 1987
PREMYÈ KOZE

Pèp ayisyen-an deklare Konstitisyon-sa-a:
- Pou garanti san dapiyanp ni antrav dwa-li pou li viv lavi nan libète ak kè kontan jan sa ekri nan Batistè Endepandans 1804-la ak nan Deklarasyon Inivèsèl Dwa Moun 1948-la.

- Pou li fè yon nasyon ayisyen ki chita sou lajistis nan sosyete-a ak libète ekonomik epi endepandans politik.

- Pou li tabli yon Leta byen chita e byen solid ki kapab pwoteje ni valè ak koutim-li ni dwa pou li souvren ak endepandan ni vizyon nasyon-an fè pou demen-li..

- Pou li chouke byen fon yon demokrasi ki rekonnèt plizyè kouran politik ak dwa gouvènman pou swiv youn apre lòt epi ki soutni san antrav dwa Pèp Ayisyen-an.

- Pou li bay tèt ansanm nasyon-an tout jarèt nesesè pou dechouke tout vye prejije ki separe moun lavil ak moun andeyò epi pou fòse tout moun rekonnèt nou se youn nan lang nou tout pale ak nan levasyon nou tout genyen. Pou rekonnèt tou dwa pou nou tout fè pwogrè avèk dwa pou nou jwenn enfòmasyon ak edikasyon epi dwa pou lasante ak travail epitou dwa pou bon amizman.

- Pou li sèten Pouvwa Leta-yo ap rete nan wòl-yo men yap pataje travay-yo pou yo sèvi an premyè enterè fondalnatal nasyon-an.

- Pou li tabli yon sistèm gouvènman ki chita sou libète fondalnatal-yo ak sou respè dwa kretyen vivan. Youn ki garanti lapè nan sosyete-a ak jistis ekonomik san paspouki. Youn ki rekonnèt dwa pou tout popilasyon-an patisipe epi bay mo-li sou tout gwo desizyon kap angaje lavi nasyon-an. Youn ki fè desantralizasyon reyèlteman.

Constitution Of Haiti 1987
Preamble

The Haitian people proclaim this constitution in order to:

Ensure their inalienable and imprescriptible rights to life, liberty and the pursuit of happiness; in conformity with the Act of Independence of 1804 and the Universal Declaration of the Rights of Man of 1948.

Constitute a socially just, economically free, and politically independent Haitian nation.

Establish a strong and stable State, capable of protecting the country's values, traditions, sovereignty, independence and national vision.

Implant democracy, which entails ideological pluralism and political rotation and affirm the inviolable rights of the Haitian people.

Strengthen national unity by eliminating all discrimination between the urban and rural populations, by accepting the community of languages and culture and by recognizing the right to progress, information, education, health, employment and leisure for all citizens.

Ensure the separation and the harmonious distribution of the powers of the State at the service of the fundamental interests and priorities of the Nation.

Set up a system of government based on fundamental liberties, and the respect for human rights, social peace, economic equity, concerted action and participation of al the people in major decisions affecting the life of the nation, through effective decentralization.

GLOSSARY

The words in italic represent English translations of some 1200 Haitian Kreyol words used in the content of this manual.

Please note that the alphabetical order follows the order of the ten vowel sounds:

a, an, e,, è, en, i, o, ò, on, ou

night

abitan, peasant

abladò, *talker*

achte, *to buy*

adjektif, *adjective*

ak, *with*

akasan, *cornmeal porridge*

akatrè, *at 4 o'clock*

akra, *malanga fritter*

akrèk, *greedy*

albinòs, *albino*

alfò, *peasant straw bag*

almannak, *calendar*

alawonnbadè, *all included*

alemye, *improvement*

alevini, *back and forth*

alfabèt, *alphabet*

amidi, *at 12 noon*

ap, *indicate present progressive*

aprann, *to learn*

apresye, *to appreciate*

arivan, *approaching*

asire, *to assure / insure*

aswè, *evening /*

atlèt, *athlete*

ava, *future tense markeravèk, with*

avèk, *with*

avni, *future*

avyon, *airplane*

awoyo, *fearless*

awozwa, *watering can*

ayè, *yesterday*

ayeskoul, *high school*

ayisyen, *citizen of Haiti*

Ayiti, *Haiti*

an / ann, *in*

anba, *below*

andeyò, *outside / countryside*

anfle, *swollen*

Anjèl / Anjelik, *woman's name*

anmbègè, *hamburger*

ann, *let's*

anne, *year*

annou, *let's*

anpil, *many*

anreta, *late*

Anri, *Henry*

ansanm, *together*

ansent, *pregnant*

ansyen, *ancient /old*

antresoti, *in and out*

anvan, *before*

anyen, *nothing*

babye, *to babble*

bagay, *thing*

batay, *fight*

bati, *to build*

batisman, *construction*

batistè, *birth certificate*

batrimann, *battery repairman*

banda, *elegant/ fancy*

bannann, *plantain*

bebe, *baby*

beke, *to peck*

beseleve, *to bustle about*

betiz, *foolishness*

betize, *to act foolishly*

bezwen, *need / want*

bèbè, *mute*

bèk, *beak*

bèkèkè, *stupid / idiotic*

bèl, *beautiful*
bèlmè, *mother-in-law*
bèlte, *art / beauty*
bèt, *animal / dumb*
bennediksyon,
    blessing
benyen, *to bathe*
bibliyotèk, *library*
bis, *bus*
bisiklèt, *bicycle*
biwo, *desk / office*
biye, *note*
blabla, *baloney*
blan, *white*
ble, *blue*
blese, *to wound*
bliye, *to forget*
bobo, *small hurt*
bokit, *bucket*
bò, *side / near*
bòlèt, *popular lottery*
bòn, *female domestic*
bòpè, *father-in-law*
bòzò, *elegant / fancy*
bonjou, *good day*
bonnè, *early* bouch,
    mouth
bouk, *billy goat*
Bouki, *folk character*
bouske, *to look for*
boutèy, *bottle*
boutik, *small store*
bren, *short time*
brevaj, *beverage*
bri, *noise*
brid, *bridle*
brigan, *bad guy*
brik, *brick*

bwa, *wood*
bweson, *alcoholic
    drink*
bwè, *to drink*
bwèt, *box*
bwokoli, *broccoli*
bwote, *to haul*
byen, *good / goods*
byennemab, *quite
    amiable*
byennonnèt, *quite
    honest*

chache, *to look for*
chak, *each, every*
chalè, *warmth*
chaman, *charming*
chaple, *rosary*
chapo, *hat*
chandèl, *candle*
chanje, *to change*
chante, *to sing / song*
chè, *dear / flesh*
chèch, *dry*
chèche, *to look for*
chemiz, *shirt*
cheri, *darling*
cheve, *hair*
chèv, *she-goat*
chèy / chèz , *chair*
chen, *dog*
chenn, *chain*
chich, *stingy*
chicha, *cheapskate*
chimen, *road / way*
chita, *sit down*
chokola, *chocolate*
chou, *cabbage*

Choukoun, *beautiful
    Haitian woman*
chwal, *horse*

dakò, *agreed*
dapre, *based on*
dat, *date*
dan, *tooth / teeth*
danse, *to dance*
deboutonnen, *to
    unbutton*
defo, *defect / flaw*
deja, *already*
demen, *tomorrow*
demi, *half*
depi, *since*
Desalin, *Haitian hero*
desann, *to go down*
detèminan,
    determiner
devan, *front*
devenn, *bad luck*
devwa, *homework*
dezagreman,
    unpleasantness
dezespere, *to despair*
dezè, *two o'clock*
dezyèm, *second*
dèyè, *behind*
dèzantiy, *of the
    antilles*
di, *hard / to say*
dife, *fire*
direktè, *director*
diri, *rice*
dis, *ten*
disetyèm, *seventeenth*
diven, *wine*

divès, *divers*
divòse, *to divorce*
diznevyèm, *19th*
dizwityèm, *18th*
dizyèm, *tenth*
djak, *jack*
djèt, *jet*
djob, *job*
djòl, *mouth*
djòlè, *bragger*
djondjon, *mushroom*
dlo, *water*
doktè, *physician*
dola, *dollar*
dosye, *file*
dòk, *dock*
dòmi, *to sleep*
dou, *docile / gentle*
doubout, *upright*
doukounou, *cornmeal pudding*
dous, *sweets*
douz, *twelve*
douzyèm, *twelfth*
dra, *sheet*
drapo, *flag*
dren, *drainage pipe*
drese, *to straighten*
drèt, *straight*
dwe, *must / have to*
dwòg, *drug*
dyab, *devil*
dyaman, *diamond*
dyòl, *mouth*

ebenis, *cabinetmaker*
ebete, *idiotic*
ede, *to help*

edikasyon, *education*
egzamen, *test*
egzanp, *example*
egzante, *to avoid*
egzèsis, *exercise*
egzije, *to demand*
eklerasyon, *culture*
ekri, *to write*
eksite, *to excite*
elemantè, *elementary*
elèv, *student*
epi, *also / and / then*
es / ès, *letter s*
eskandal, *scandal*
eskiz, *excuse*
eskrin, *screen*
espa, *spa*
espektak, *spectacle*
espere, *to hope*
espesyal, *special*
espò, *sport*
espri, *spirit*
espwa, *hope*
estati, *statue*
estènen, *to sneeze*
estetoskòp, *stethoscope*
estòp, *stop*
etenn, *to turn off*
etidye, *to study*
etranje, *foreigner*
èske, *interrogative indicator*
enbesil, *imbecile*
endepandan, *independent*
enkyete, *to worry*
enpòtan, *important*

enskripsyon, *registration*
entwodiksyon, *introduction*

falèz, *precipice*
fas, *side*
fasil, *easy*
fanm, *wife, woman*
fele, *to crack*
femèl, *female*
feminen, *feminine*
festen, *feast*
fevriye, *February*
fè, *to do / to make*
fèk, *recently*
fèt, *celebration*
fennen, *to fade*
fenneyan, *idle / lazy*
fidèl, *loyal / faithful*
fiks, *fixed*
fini, *to end / complete*
Fiyèt Lalo, *witch*
flach, *flashlight*
flanbwayan, *poinciana*
flè, *flower*
flite, *to fumigate*
flote, *to float*
fòk, *must*
fòs, *strength*
fondalnatal, *fundamental*
fou, *oven / crazy*
foutbòl, *soccer*
fouyadò, *meddler*
frape, *to strike / hit*
fraz, *phrase /*

sentence

franse, *French*

frechè, *coolness*

frekan, *fresh /
    insolent*

frete, *to charter /
    lease*

frèt, *cold / chilly*

fren, *brake*

frison, *chills*

frè, *brother*

fritay, *fried foods*

fwa, *instance / faith /
liver*

fwèt, *whip / lash*

fwi, *fruit*

fyèl, *gallbladder*

gade, *to look*

gagòt, *mess / intrigue*

gason, *boy / waiter*

gaz, *gasoline / gaz
    propane*

ge, *happy*

gen / genyen,
    to possess

glann, *gland*

glas, *ice / mirror*

glise, *to slide*

gonfle, *to have
    indigestion*

goudrin, *pineapple
    skin drink*

gra, *fat*

gramè, *grammar*

gran, *large /
    important*

granchire, *boaster*

grandizè, *big talker*

granfòma, *show-off*

granmèsi, *thanks to*

granmoun, *adult,*

grann, *grandmother*

grannèg, *big shot*

granpanpan, *show off*

grasèt, *plump*

graton, *food crust*

grèg, *cloth coffee
    filter*

grenn, *pill / single
    unit*

gri, *grill / gray*

grifonn, *brown skin
    woman*

grimo, *light skin with
    curly hair*

gwayav, *guava*

gwo, *big / fat*

gwobwa, *important
    person*

gwojipon, *important
    woman*

gwomoun, *rich
    person*

gwonnèg, *big shot /
    strong*

gwozotobre, *rich
    person*

gwozouzoun,
    important person

hadi, *insolent*

hele, *to call*

hoholi, *sesame*

hotè / hòtè, *height*

idantite, *identity*

ijans, *emergency*

inivèsite, *university*

isit, *here*

jaden, *garden*

jalou, *jealous*

jan, *manner / way*

janbe, *to cross*

janm, *ever / leg*

janvye, *January*

je, *eye*

jenjanbrèt,
    gingerbread

jenjanm, *ginger*

jenn, *young*

ji, *juice*

jij, *judge*

jile, *vest*

jiman, *mare*

jis, *just / tight*

jodi, *today*

joli, *pretty*

jòn, *yellow*

jou, *day / daylight*

jouk, *until*

jounen, *whole day*

jwe, *to play*

jwenn, *to find*

jwèt, *toy*

ka, *case / quarter*

kab, *can / cable*

kaba, *to finish*

kabann, *bed*

kabare, *tray*

kabicha, *nap / snooze*

kabre, *to feint*

kabrit, *goat*
kado, *gift*
kajou, *mahogany*
kalalou, *okra*
kalbenday,
    enticement
kalfou, *street corner*
kaliko, *calico*
kalite, *type / quality*
kalkil, *computation*
kalmi, *calm / trankil*
kamyon, *truck*
kapab, *to be able /*
    capable
karant, *forty*
karantnèf, *forty-nine*
karantyèm, *fortieth*
karès, *caress*
karyonnen, *to ring*
kase, *to break*
kaskèt, *cap (hat)*
kat, *four / card / map*
katafal, *huge*
katedral, *cathedral*
katòzyèm, *fourteenth*
katrè, *four o'clock*
katrevendisetyèm, *97ᵗʰ*
katrevendisnevyèm,
    99ᵗʰ
katrevendizyèm, *90ᵗʰ*
katrevendouzyèm, *92ⁿᵈ*
katrevenkatòzyèm,
    94ᵗʰ
katrevenkenzyèm, *95ᵗʰ*
katrevenonzyèm, *91ˢᵗ*
katrevensèzyèm, *96ᵗʰ*
katreventrèzyèm, *93ʳᵈ*
katreventyèm, *80ᵗʰ*

katriyèm, *fourth*
kav, *cellar*
kave, *to drink heavily*
kawòtchoumann,
    tire repairman
kay, *house*
kaye, *notebook*
kayimit, *tropical fruit*
kànva, *canvas*
kan, *camp / edge*
kanmrad, *companion*
kann, *sugar cane /*
    can
kannal, *canal /*
    channel
kannari, *earthenware*
ke, *end / tail*
kè, *heart / choir*
kèk, *some / a few*
kenbe, *to hold*
kenbepalage, *hold*
    tight
kenzyèm, *fifteenth*
ki, *which / what / that*
kichòy, *something*
kilti, *crops / farming*
kirye, *curious / nosey*
kizinyè, *female cook*
klas, *class / grade*
    level
kle, *key / bottle*
    opener
klere, *to light up / shine*
klete, *to lock*
klòch, *bell*
kochon, *pig / hog*
kodenn, *turkey*
kofre, *to beat up*

    badly
kokenn, *enormous*
kokennchenn,
    gigantic
kokobe, *crippled*
kokoye, *coconut*
kolobrit,
    hummingbird
koralin, *small boat*
kote, *place / side*
kowosòl, *soursop*
koze, *chat / talk*
kò, *body / corpse*
kòl, *collar / tie*
kòman, *how*
kòmanse, *to begin*
kon / kou, *like / when*
konkou, *contest / help*
konn, *to usually do*
konnen, *to know*
konnesans,
    knowledge
konpè, *buddy / friend*
konprann, *to*
    understand
konsa, *like this / that*
konsèy, *advice /*
    council
konsilte, *to consult*
konsòn, *consonant*
kont, *story / tale*
kontan, *happy / glad*
konte, *to count*
kou, *neck / blow /*
    when
koub, *curve*
koule, *to sink*
koumanse, *to begin*

kouri, *to run*
kout, *shot / gulp*
koute, *to listen / cost*
kouzen, *male cousin*
kouzin, *female cousin*
krab, *crab*
kras, *dirt / crumb*
kravat, *tie*
kreson, *watercress*
kretyen, *Christian*
kreyòl, *Haitian language*
krèm, *cream / ice-cream*
kri, *scream / yell*
Kristòf, *Haitian hero*
kriye, *to cry / weep*
kui, *leather*
kwè, *to believe / think*
kwi, *gourd bowl*
kwit, *to cook*
kwizinyè, *female cook*

labapen, *breadfruit nut*
laboratwa, *laboratory*
lachte, *he bought*
lafanmi, *family*
lafwa, *faith*
lajan, *money*
lakay, *home*
lakou, *yard*
lakre, *chalk*
lale, *he went*
lalwa, *law*
lamen, *hand*
lapè, *fear*

lapenn, *grief / sorrow*
lapli, *rain*
lapriyè, *prayer*
larivyè, *river*
lavni, *future*
lavalas, *torrent*
lavi, *life*
lavil, *city*
lan, *in / definite article*
lang, *language*
lanmè, *sea / ocean*
lanmen, *handshake*
lanmou, *physical love*
Legba, *Vodoun spirit*
legliz, *church*
lekti, *reading*
lekòl, *school*
lendi, *Monday*
leson, *lesson*
lespri, *spirit / intellect*
levasyon, *culture / rearing*
leve, *get up / stand up*
lezòt, *others*
lè, *time*
lèt, *letter / milk*
li, *to read / he, her, it*
lide, *idea / mind*
limyè, *light*
liv, *book*
livrès, *ecstasy*
lizaj, *manners*
lò, *gold / when*
lolo, *to wheedle*
lòt, *other / next*
lonbraj, *shade*
lontan, *long ago*

lougawou, *werewolf*
Louvèti, *Haitian hero*
louvri, *to open*
luil / lwil, *oil*
lwanj, *praise*
lwanje, *to praise*
Lyogàn, *small town in Haiti*
lyon, *lion*

machann, *vendor*
mache, *market*
machin, *all vehicles*
machte, *I bought*
madanm, *wife / woman*
madi, *Tuesday*
magazen, *store / shop*
makak, *rustic walking stick*
makòmè, *close female friend*
makou, *tomcat*
malad, *sick / ill*
malanga, *malanga*
malswen, *sickly person*
mapou, *ceiba / kapok*
marinad, *fritter*
maryaj, *wedding*
marye, *married*
maskilen, *masculine*
maten, *morning*
matla, *mattress*
matlòt, *concubine*
maton, *skillful*
mande, *to ask / request*

manje, *food / to eat*
manke, *to lack / almost*
manman, *mother*
mantal, *mental*
manti, *falsehood / lie*
manyè, *why don't you*
metye, *trade / habit*
mè, *nun / ocean*
mèchè, *dear to me*
mèkredi, *Wednesday*
mèt, *teacher / owner*
menm, *self / same*
mennen, *to lead*
midèleskoul, *middle school*
milatrès, *female mulatto*
milyèm, *thousandth*
milyonnyèm, *1,000,000th*
mis, *nurse / miss / muscle*
mitan, *middle / center*
miyò / meyè, *better*
mizadò, *dawdler*
mizik, *music*
mizisyen, *musician*
mo, *word*
mòn, *small mountain*
monnonk, *uncle*
mont, *watch*
monte, *to ascend*
moumou, *loose-dress*
moun, *human being*
mouri, *to die / lifeless*
mren / mwen, *I / my / me*

msye, *mister / sir / man*
mwa, *month*
mwèl, *bone marrow*
mwens, *less / minus*
mye, *better*
myèl, *honey*

na, *we will*
nachte, *we buy*
nale, *we go*
nat, *sleeping mat*
nan, *in / definite article*
nanm, *soul*
nanpwen, *there is none*
nèf, *nine / new*
nègès, *Black woman*
nen, *nose / midget*
nennenn, *godmother*
nenpòt, *no matter*
nesesè, *necessary*
netwaye, *to clean*
neve, *nephew*
nevyèm, *ninth*
ni, *nude / his, hers, its*
nimewo, *number*
nò, *North (of Haiti)*
nonm, *man / lover*
novanm, *November*
nòt, *note / grade*
nou, *we / you*
nwa, *black / nut*

ochan, *hail / salute*
odyans, *talk / jokes*
ofisyèl, *official*
òdinè, *ordinary*
okenn, *any*

oslè, *knucklebones*
osinon, *or rather*
osnon, *or / otherwise*
oswa, *or rather*

òtdòg, *hotdog*
òtograf, *spelling*

onnon, *in the name of*
onnwa, *with nuts*
onzyèm, *eleventh*

ou, *you / your (sing.)*
ounfò, *Vodoun temple*
oungan, *Vodoun priest*
ounsi, *Vodoun temple servant*
ountò, *ritual drum*

paj, *page*
palto, *jacket*
pàn, *breakdown*
pandye, *to hang*
papye, *paper*
paragraf, *paragraph*
paran, *parent*
parèt, *to appear*
pase, *to pass*
paske, *because*
patat, *sweet potato*
patekwè, *parvenu*
pati, *party / portion*
pawas, *parish*
pe, *to be quiet*
peche, *sin / to fish*
peryòd, *menstrual cycle*
pewòl, *payroll*
peyi, *country*

peze, *to weigh / press*
pè, *priest / fear*
pèdri, *partridge*
pèp, *people*
pengwen, *yucca*
peny, *comb*
piki, *bite / injection*
pipirit, *small bird*
pis, *flea*
pita, *later*
piti, *small / little*
pitit, *child*
pito, *to prefer*
piyay, *bargain*
plak, *record / license plate*
platin, *griddle / platinum*
plezi, *pleasure*
plè, *to please, sore*
pli, *wrinkle / crease*
pliryèl, *plural*
plis, *more*
pliske, *since / because*
plizyè, *several / many*
politik, *politique*
popilè, *popular*
pote, *to carry / bring*
potekole, *to carry on jointly*
poto, *pillar / post*
pòm, *apple*
pòt, *door / gate*
pòtre, *drawing / photo*
pòv, *poor / beggar*
pòz, *appearance*

ponch, *punch drink*
ponyèt, *wrist*
pou, *for / in order to*
poudre, *to powder*
poukisa, *why*
poul, *chicken*
poupe, *doll*
pral / prale, *to be going to*
pran, *to take*
pratik, *client*
premyè / prenmyè, *first / initial*
prensip, *principle*
prèt, *priest*
prete, *to lend / to borrow*
prezante, *to introduce*
pri, *price / prize*
prive, *private*
pwen, *fist, school mark*
pwochèn, *next*
pwofesè, *teacher / professor*
pwonon, *pronoun*
pwòp, *clean / own*
pwòpte, *cleaning*
pye, *foot / plant*
pyebwa, *tree*
pyès, *room / document*

radyo, *radio*
rakomode, *to mend*
ravèt, *cockroach*
rankontre, *to meet*
ranmak, *hammock*

ranmase, *gather up*
rantre, *to enter*
rechèch, *research*
refè, *to feel better*
refren, *refrain*
regleman, *regulation*
rekonnèt, *to know someone*
Rèks, *Rex (theatre)*
rèl, *scream / shout*
rele, *to call out / yell*
renmen, *to love / like*
repete, *to repeat*
repo, *rest / quiet*
reponn, *to answer*
resif, *reef, obstacle*
respekte, *responsible*
responsab, *person in charge*
rete, *to stop / remain*
rezonnen, *to resonate*
rezoud, *to resolve*
ri, *street / to laugh*
richès, *wealth*
rivyè, *river / stream*

sa, *this / that*
sajès, *wisdom*
salte, *dirtiness*
samdi, *Saturday*
sapat, *sandal*
sapoti, *sapodilla*
san, *100 / blood*
sanba, *bard / poet*
sankoutcha, *unkempt*
sanlespri, *stupid*
sanmanman, *scum*
sannen, *shameless*

sansantiman, *aimeless*

sant, *odor / center*

sante, *health*

santi, *to feel / smell*

santyèm, *hundredth*

sanwont, *shameless*

se / ye, *indicate time, place, identity*

seksyon, *section*

sektanm, *September*

selon, *depending on*

semenn, *week*

separe, *to divide (up)*

serye, *serious*

setyèm, *seventh*

sè, *sister / nun*

sèkle, *to weed*

sèks, *sex / genital*

sèl, *salt / alone*

sèn, *quarrel / stage*

sèten, *certain / sure*

sèvi, *to serve*

sèzyèm, *sixteenth*

sen, *breast / saint*

sendenden, *nobody*

senkantyèm, *fiftieth*

senkè, *five o'clock*

senkyèm, *fifth*

sentiwon, *belt*

si, *if / acidic / certain*

siga, *cigar*

sik, *sugar / circus*

sila, *this / that*

sinema, *cinema*

sis, *six*

sisan, *six hundred*

sitadèl, *citadel*

sitiyasyon, *situation*

sito, *as soon as*

siwo, *syrup*

siy, *sign / symptom*

sizyèm, *sixth*

solèy, *sun*

sosyal, *sosyal security*

soti / sòti, *to go out*

sòt, *dumb / to have just*

sonje, *to remember*

sonnen, *to ring / sound*

sou, *on / drunk*

soufle, *to blow*

soulye, *shoe*

souple, *please*

souri, *to smile*

swasanndisètyèm, *77th*

swasanndiwityèm, *78th*

swasanndiznevyèm, *79th*

swasanndizyèm, *70th*

swasanndouzyèm, *72nd*

swasannkatòzyèm, *74th*

swasannkenzyèm, *75th*

swasannonzyèm, *71st*

swasannsèzyèm, *76th*

swasanntrèzyèm, *73rd*

swasantyèm, *sixtieth*

swèf, *thirst / thirsty*

swiv, *to follow / imitate*

syèk, *century*

syèl, *sky / heaven*

ta, *conditional marker*

tabak, *tobacco*

tabli, *to live together / workbench*

tablo, *painting / chalkboard*

tafya, *booze*

tafyatè, *alcoholic*

tate, *to touch / feel*

takèt, *bolt / latch*

tanbou, *drum*

tankou, *like / the same as*

tchatcha, *maraca*

tchòtchòwè, *busybody*

te, *past tense marker / tea*

telefòn, *telephone*

tete, *breast*

teyat, *theatre / drama*

tè, *earth / ground / land*

tèlman, *so much*

tès, *test*

tèt, *head / mind / brain*

ti, *little / small*

tifi, *young girl / virgin*

tigason, *boy / lad*

timoun, *child / kid*

titit, *little baby*

Toma, *Haiti's nickname*

tòp, *greatest*

tonbe, *to fall / to drop*

tou, *hole / tower / also*

touf, *small bunch*
toujou, *always*
toulejou, *everyday*
toupatou, *everywhere*
touswit, *immediately*
toutalè, *in a moment*
toutous, *dog / puppy*
touttan, *all the time*
towo, *bull / Taurus*
tradisyon, *tradition*
traka, *worry/ trouble*
trankil, *tranquil*
tranpe, *alcoholic
    drink*
trantyèm, *thirtieth*
travay, *work / labor*
trè, *very*
trèt, *traitor / brtrayer*
trete, *to treat / treaty*
trèzyèm, *thirteenth*
tris, *sad / dejected*
triye, *to sort / screen*
twa, *three*
twazan, *three years*
twazyèm, *third*
twò, *too (excessively)*
twòk, *barter / swap*
twonpri, *mistake /
    error*
twotwa, *sidewalk*
twouve, *te find /
    realize*

ui, *semi-vowel*
uit, *eight*

va, *future tens marker*
vakabon, *playboy /
    unruly* valè, *value /
worth*
vann, *to sell / betray*
vant, *belly / selling*
vanyan, *robust /
valiant*
vegle, *to blind/dazzle*
vekse, *to offend*
vè, *glas / eye glasses*
vèb, *verb*
vèf, *widower*
vès, *suit coat, jacket*
vèt, *green*
vèvè, *Vodoun sprit
    symbol*
venndezyèm, *22nd*
vennkatriyèm, *24th*
vennsenkyèm, *25th*
vennsetyèm, *27th*
vennsizyèm, *26th*
venntwazyèm, *23rd*
venteinyèm, *21st*
ventnevyèm, *29th*
ventwityèm, *28th*
ventyèm, *twentieth*
Viks, *Vicks*
vini, *to come /
    happen to*
vire, *to turn / change
direction*
virevoye, *running
around*
visye, *crook / dishonnèt*
vit, *quickly /
    windowpane*
vivan, *human being /
    lively*
vle, *to want / be
    inclined to*
vlen, *tendon / sinew*
vlou, *smooth / velvet*
vo, *veal / to be worth*
Vodou / Vodoun,
    Haitian religion
vokabilè, *glossary,
    vocabulary*
voye, *to send / throw*
vòlò, *to steal / rob*
vre, *true / authentic*
vrèman, *really / truly*
vwa, *voice / vote*
vwayaj, *travel*
vwayaje, *to travel*
vwayèl, *vowel*
vwazen, *neighbor*
vyann, *meat / flesh*
vye, *old, aged /
    decrepit*
vyewo, *Haitian cane-
cutter in Cuba*
vyolon, *violin*
wa, *king*
Wachintonn,
    Washington
wachte, *you buy*
wanga, *fetish /
    talisman*
wap, *ou + present
continuous marker*
wete, *to remove /
    subtract*
wè, *to see / view /
    observe*
wi, *yes*
windo, *window*
wityèm, *eighth*

wo, *high / tall / elevated*

wòb, *dress /gown*

wòl, *role / place*

wondonmon, *rebellious*

wonn, *circle / ring*

wosiyòl, *mockingbird*

wote, *to belch / burp*

wou, *wheel / hoe*

wouj, *red*

woule, *to roll / to ride*

wout, *road / route*

wouze, *to water*

wòz, *pink / rose*

ya / yava, *they will*

yachte, *they buy*

ye /se, *indicate time, place, identity,*

yo, *they / them / their*

youn, *one*

zaboka, *avocado*

zabriko, *apricot*

zafè, *belongings*

zanmi, *friend*

zansèt, *ancestor*

zantray, *intestines*

ze, *egg*

zegui / zegwi, *needle*

zeklè, *lightning*

zewo, *zero / nil*

zèv, *good deed / works*

zenglen, *broken glass*

zo, *bone / dice / skinny*

zoklo, *hit one's head with knuckles*

zonbi, *living dead*

zuit / zwit, *oyster*

zwazo / zwezo / zwèzo, *bird*

zye, *eye*

The Haitian / English Dictionary—Freeman and Laguerre, Institute of Haitian Studies, Lawrence, Kansas—was a very useful tool in the making of this Glossary

PUBLICATIONS BY ROGER E. SAVAIN: *(ALL RIGHTS RESERVED)*

—HAIIAN KREYOL IN TEN STEPS (6th edition) **1991, 1999, 2009 - pp. 138**
A handbook that helps English speakers develop a basic competency in Haitian Kreyol. Language EXPERIENCE, Inc.   ISBN: 0-87047-115-5

—HAITIAN KREYOL IN TEN STEPS - DVD, 2007
An audio-visual companion for the handbook.
ISBN 0-9672448-6-2

—HAITIAN KREYOL IN TEN STEPS - **CD 1&2 - 2000**
An audio support for the handbook. ISBN: 0-9672448-1-1

—LA LANGUE HAÏTIENNE EN DIX ÉTAPES (2nd edition)- **1995 & 2009–pp. 136**
A handbook that helps French speakers develop a basic competency in Haitian Kreyol. Language EXPERIENCE, Inc.   ISBN: 0-9672448-7-0

—DIS PA NAN LANG AYISYEN-AN – **1997, pp. 130**
2nd Edition corrected: EDUCA Vision, Inc. – 2005. pp120
A handbook that helps Haitian Kreyol speakers learn how to read and write the language they speak already.   ISBN: 0-87047-112-0 / 1-5842-354-X

—MY FRIEND THE TREE/ZANMI-M PYEBWA/MON AMI L'ARBRE - **1999, pp. 72—A story in Haitian Kreyol, English and French with illustrations in color.**
ISBN: 0-9672448-0-3

—QUICK HAITIAN KREYOL FOR MDS & NURSES – **2001, pp. 32**
A pocket-size glossary of medical terms in English and Haitian Kreyol
ISBN: 0-9672448-2-X

—TÈTANSANM – **2003, pp. 144**
A selection of 62 articles written in Haitian Kreyol between January 2000 and December 2002 about: 1) the Haitian Kreyol language, 2) the history and traditions of the Haitian people, 3) perspectives for Haiti, 4) some Haitian writers, 5) thoughtful subjects.   ISBN: 0-9672448-3-8

—MOZAYIK, *yon konbit literè ann ayisyen* – **2007, pp. 132**
This anthology assembles twelve essays written by Haitians and Americans - scholars, teachers, and researchers well informed about Haiti's people and traditions - who reflect in the Haitian language on various aspects of Haitian realities.
(**INFINITY** Publishing Co) /Language EXPERIENCE, Inc. ISBN 0-7414-4045-8

—LIBRES ÉLANS & PROPOS D'UN TEMPS VÉCU – **2004, pp. 104**
A two-part book in French: 1) Six poems with illustrations (1947-1951), 2) 13 articles about Haitian politics, economy, education (1986-1987).
ISBN: 0-9672448-4-6